DESCIFRANDO LA I.A.

El manual definitivo.

Ezequiel Rosado Carmona

ÍNDICE:

Parte I: Fundamentos de la IA conversacional.

1. ¿Qué es la Inteligencia Artificial conversacional?

- Definición de IA conversacional.
- Historia y evolución de las IA conversacionales.
- Aplicaciones actuales y futuras de la IA conversacional.
- Beneficios y desafíos de su implementación.

2. La revolución de las IA en la vida cotidiana.

- Cómo las IA han cambiado nuestra interacción con la tecnología.
- IA en negocios, educación y atención al cliente.
- Ética y responsabilidad en el uso de IA.

3. Cómo funciona la IA conversacional.

- Procesamiento del lenguaje natural (NLP)
- Modelos de lenguaje: GPT, BERT y otros.
- Entrenamiento y aprendizaje de las IA conversacionales.
- Limitaciones técnicas actuales.

4. Tipos de Inteligencias Artificiales conversacionales.

- Chatbots vs. Asistentes Virtuales.
- Sistemas basados en reglas vs. IA avanzada.
- Comparativa de plataformas populares: ChatGPT, Google Bard y más.

Parte II: Uso práctico de las IA conversacionales.

5. Cómo empezar con una IA conversacional. pág. 115

- Elegir la plataforma adecuada para tus necesidades.
- Primeros pasos: Creación de cuentas y configuración básica.
- ¿Qué es un prompt? Definición y estructura. Inputs, prompts y personalización.

6. Cómo escribir prompts efectivos. pág. 135

- Mejores prácticas para redactar prompts claros y concisos.
- Ejemplos de prompts efectivos.
- Técnicas avanzadas: Instrucciones condicionales y manipulación del contexto.

7. Personalización y ajustes avanzados. pág. 156

- Ajuste de tono y estilo de respuesta.
- Manejo de la longitud y profundidad de las respuestas.

Parte III: IA conversacional en la práctica.

8. Aplicaciones en el mundo empresarial. pág. 167

- Uso de IA conversacional en ventas y marketing.
- Mejora de la productividad interna con asistentes virtuales.

Parte IV: Futuro de la IA Conversacional.

Prólogo:

En el mundo de la tecnología, pocos términos han captado tanto la atención en los últimos años como la inteligencia artificial. Este campo, que alguna vez parecía pertenecer exclusivamente a las páginas de la ciencia ficción, hoy se ha convertido en una de las fuerzas más transformadoras de nuestra era. Desde asistentes virtuales hasta herramientas de diseño, desde análisis de datos hasta creación de contenido, la IA no sólo está revolucionando cómo trabajamos y vivimos, sino también cómo entendemos nuestra relación con la tecnología.

Cuando hablamos de inteligencia artificial, un área que destaca especialmente es la IA conversacional. Este término engloba herramientas como asistentes virtuales, chatbots avanzados y plataformas de interacción humana, pero también incluye lo que hoy conocemos como IA generativa. Las IA generativas, como ChatGPT, Gemini o Copilot, no sólo responden preguntas o ejecutan comandos; son capaces de crear textos, imágenes, música y otros contenidos, adaptándose al contexto y a las necesidades del usuario. En este sentido, la IA generativa se encuentra dentro del paraguas más amplio de las IA conversacionales, porque su habilidad para "dialogar" con el usuario es una de sus bases fundamentales.

En los últimos años, hemos visto además un salto hacia las IA multimodales, sistemas que combinan varias capacidades en un solo modelo. Herramientas como ChatGPT de OpenAI, Copilot de Microsoft o Gemini de Google han demostrado cómo es posible interactuar con texto, imágenes, códigos y hasta audios en una sola plataforma. Esto no sólo aumenta su versatilidad, sino que amplía enormemente su potencial. Las IA multimodales son un testimonio del vertiginoso avance en este campo, acercándonos cada vez más a sistemas que imitan formas complejas de razonamiento humano y creatividad.

En este libro, nos vamos a adentrar en el fascinante mundo de la inteligencia artificial, explorando los fundamentos básicos que necesitas comprender para comenzar tu propio camino en este campo. Aprenderás qué es la IA, cómo ha evolucionado desde sus primeras definiciones teóricas hasta las aplicaciones revolucionarias que dominan el panorama actual, y cómo tú mismo puedes empezar a utilizarla de manera efectiva.

Para entender la inteligencia artificial, primero debemos conocer sus raíces. Desde la propuesta de los primeros algoritmos en los años 50 hasta la aparición de las redes neuronales y el aprendizaje profundo, la IA ha sido una disciplina marcada por períodos de auge y desafíos. Hoy en día, las bases matemáticas, estadísticas y computacionales de la IA son más accesibles que nunca, permitiendo que más personas se sumen a este campo, ya sea para desarrollar sus propias soluciones o para aplicar las herramientas existentes en diversos sectores.

La IA ha recorrido un largo camino desde los primeros experimentos con sistemas lógicos y reglas hasta la creación de modelos capaces de "entender" el lenguaje humano y generar contenido. En la actualidad, sus aplicaciones son asombrosamente diversas y las veremos más adelante.

La IA ya no es sólo una herramienta, sino un socio que amplifica nuestras capacidades.

El objetivo principal de este libro es proporcionarte una guía práctica para empezar a utilizar la inteligencia artificial, incluso si no tienes experiencia previa en el tema. Veremos desde los conceptos básicos hasta ejemplos concretos de herramientas y aplicaciones que puedes implementar en tu día a día o en tus proyectos profesionales. La accesibilidad de la IA actual significa que no necesitas ser un programador experto para empezar a aprovecharla.

Finalmente, analizaremos el futuro que nos espera. La inteligencia artificial está lejos de haber alcanzado su punto culminante. Las investigaciones actuales apuntan a sistemas aún más potentes, éticos y eficientes. ¿Cómo cambiará esto nuestra relación con la tecnología? ¿Qué desafíos éticos y sociales debemos abordar a medida que estos sistemas se vuelven más inteligentes y autónomos?

Este libro no sólo te ofrecerá herramientas para comenzar, sino también una perspectiva sobre cómo puedes formar parte de este futuro emocionante, ya sea como usuario, desarrollador o simplemente como alguien curioso por entender las tecnologías que moldean nuestra era.

La inteligencia artificial está aquí para quedarse, y su impacto será cada vez mayor. Este es el momento perfecto para adentrarte en este mundo, comprenderlo y aprovecharlo al máximo.

Parte I: Fundamentos de la IA conversacional.

1. ¿Qué es la Inteligencia Artificial conversacional?

1.1 Definición de IA conversacional.

La Inteligencia Artificial conversacional, es una rama de la IA diseñada para interactuar con las personas a través del lenguaje natural. Esencialmente, estas IA, son capaces de mantener conversaciones con usuarios de forma fluida y comprensible, imitando la interacción humana. Los asistentes virtuales como Siri, Alexa o ChatGPT son ejemplos de este tipo de tecnología.

A diferencia de otras formas de inteligencia artificial que están enfocadas en resolver problemas específicos (como el análisis de datos o la conducción autónoma), la IA conversacional, se concentra en entender y generar lenguaje humano para responder preguntas, mantener un diálogo o realizar tareas y todo esto, basado en la interacción verbal o escrita. Lo que permite que estas IA funcionen es el procesamiento del lenguaje natural (PLN), una "subdisciplina" de la IA que se encarga de cómo las máquinas pueden entender, interpretar y generar el lenguaje que usamos día a día.

Las IA conversacionales, como las que utilizamos para chatear, están construidas sobre modelos de lenguaje que han sido entrenados con muchísima cantidad de texto. Estos modelos "aprenden" patrones y contextos de las palabras, lo que les permite generar respuestas coherentes. Uno de los avances más importantes en este campo es la creación de modelos como GPT (Generative Pre-trained Transformer), que son capaces de comprender la estructura y el contexto de las conversaciones de manera sorprendentemente precisa.

1.2 Historia y evolución de las IA conversacionales.

La historia y evolución de las inteligencias artificiales conversacionales, es fascinante, no sólo por los avances técnicos que ha traído consigo, sino también por la forma en que ha cambiado nuestra relación con las máquinas y la tecnología. Aunque hoy en día estamos acostumbrados a interactuar con asistentes como Siri, Alexa o ChatGPT, el camino para llegar hasta aquí ha sido largo y lleno de innovaciones.

Los primeros pasos: La simulación de diálogo humano

La idea de crear máquinas capaces de mantener una conversación con los seres humanos es mucho más antigua de lo que se podría imaginar. De hecho, los primeros intentos de simular el lenguaje humano se remontan a mediados del siglo XX, cuando los investigadores comenzaron a explorar las posibilidades de las computadoras más allá del cálculo numérico.

En 1950, Alan Turing, un pionero en el campo de la tecnología, planteó una pregunta fundamental: "¿Pueden las máquinas pensar?". En su famoso ensayo "Computing Machinery and Intelligence", Turing propuso lo que ahora conocemos como el Test de Turing, un experimento para determinar si una máquina es capaz de generar una conversación indistinguible de la que mantendría un ser humano. Aunque en ese momento no existía la tecnología necesaria para desarrollar un sistema que pudiera superar este test, la idea de una máquina que "habla" como un ser humano sembró la semilla de lo que luego se convertiría en la IA conversacional.

ELIZA: El primer chatbot (1966)

Uno de los hitos más importantes en la historia de las IA conversacionales fue la creación de ELIZA en 1966 por un programa desarrollado por el científico informático Joseph Weizenbaum en el MIT (Massachusetts Institute of Technology). ELIZA fue uno de los primeros chatbots de la historia, y su función principal era simular una conversación con un terapeuta. Aunque su capacidad de diálogo era muy limitada (simplemente respondía a palabras clave en las preguntas del usuario), fue sorprendentemente efectiva en convencer a algunos usuarios de que realmente estaban interactuando con un ser sensible.

ELIZA utilizaba técnicas muy simples, como repetir lo que decía el usuario o hacer preguntas genéricas, para mantener el flujo de la conversación. Aunque el programa era rudimentario, marcó un avance crucial en el desarrollo de la IA conversacional, ya que demostró que las computadoras podían ser programadas para interactuar de manera casi convincente para los humanos, aunque fuera de manera superficial.

A.L.I.C.E. y la evolución de los chatbots (1995)

Tras ELIZA, surgieron otros intentos de mejorar las IA conversacionales. Uno de los más significativos fue A.L.I.C.E. (Artificial Linguistic Internet Computer Entity), un chatbot desarrollado por Richard Wallace en 1995. A.L.I.C.E. se basaba en un conjunto más avanzado de reglas que permitían un diálogo más natural en comparación con ELIZA. Usaba el lenguaje AIML (Artificial Intelligence Markup Language) para definir patrones de conversación y generar respuestas.

Aunque A.L.I.C.E. no era perfecto y no podía superar el Test de Turing, representaba un avance en la forma en que los chatbots podían procesar y generar lenguaje. El programa ganó múltiples veces el "Loebner Prize", una competencia anual que busca encontrar la IA que más se acerque a pasar el Test de Turing.

Sistemas basados en reglas y el avance hacia modelos estadísticos.

Durante los años 80 y 90, la mayoría de los sistemas conversacionales seguían utilizando reglas programadas manualmente para guiar la interacción. Estos sistemas eran extremadamente limitados, ya que dependían de que los programadores se anticiparan a todos los escenarios posibles y a las respuestas que el usuario podría necesitar. Esto hacía que las interacciones entre máquina y humano, fueran poco flexibles y predecibles.

El cambio radical vino con la adopción de modelos estadísticos y, más tarde, de técnicas de aprendizaje automático. En lugar de depender de reglas fijas, los nuevos modelos comenzaban a "aprender" de grandes cantidades de datos textuales. Este cambio permitió que los sistemas fueran más dinámicos y pudieran manejar una mayor variedad de interacciones.

Surgimiento del Procesamiento del Lenguaje Natural (NLP)

En paralelo con la evolución de los chatbots, el campo del Procesamiento del Lenguaje Natural (NLP) también comenzó a madurar. El NLP se enfoca en enseñar a las computadoras a entender, interpretar y generar lenguaje humano de manera más eficiente y precisa. Durante las décadas de los 90 y los 2000, se comenzaron a desarrollar algoritmos más avanzados para el análisis de texto, lo que permitió que las IA fueran capaces de entender no sólo las palabras individuales, sino también el contexto en el que se usaban.

Esto fue clave para el avance de las IA conversacionales, ya que uno de los mayores desafíos que enfrentan estos sistemas es entender el lenguaje en su complejidad: los sinónimos, la ambigüedad, los errores humanos en la escritura, entre otros aspectos. Con el tiempo, los modelos de NLP se volvieron más sofisticados, utilizando técnicas como el análisis de sintaxis, semántica y, eventualmente, deep learning.

La era de los modelos de lenguaje pre-entrenados.

El verdadero punto de inflexión en la historia de las IA conversacionales ha llegado en la última década con el desarrollo de los modelos de lenguaje pre-entrenados, que utilizan un sistema complejo llamado "redes neuronales profundas", para aprender de cantidades masivas de texto. Uno de los primeros grandes logros en este campo fue el modelo GPT (Generative Pre-trained Transformer) de OpenAI, cuya primera versión fue lanzada en 2018.

GPT fue revolucionario porque, en lugar de ser entrenado para una tarea específica, se le alimentó con un innumerable conjunto de datos de texto y se le enseñó a predecir la siguiente palabra en una oración. Esta simple pero poderosa técnica, permitió a GPT "aprender" el patrón y contexto del lenguaje de una manera mucho más cercana a cómo los humanos procesamos el lenguaje. GPT-2 y posteriormente GPT-3, lanzados en 2020 y llevaron esta idea aún más lejos, permitiendo a las IA generar respuestas mucho más naturales y precisas en casi cualquier tema.

Lo que distingue a estos modelos es su capacidad para generalizar. A diferencia de los sistemas más antiguos que solo podían responder a un conjunto específico de preguntas o comandos, los modelos de GPT pueden participar en una conversación sobre prácticamente cualquier tema, e incluso aprender sobre la marcha gracias a su capacidad para reconocer patrones complejos en los datos.

Asistentes virtuales: Siri, Alexa y el futuro de la IA conversacional.

Las aplicaciones de la IA conversacional son muchas y continúan creciendo. En el ámbito del servicio al cliente, por ejemplo, los chatbots permiten que las empresas proporcionen soporte rápido y eficiente, resolviendo consultas comunes sin intervención humana. En el campo de la educación, los tutores virtuales ayudan a los estudiantes a aprender, respondiendo preguntas y ofreciendo orientación personalizada.

Con el avance de estos modelos de lenguaje, las empresas comenzaron a integrar IA conversacionales en dispositivos y servicios cotidianos. En 2011, Apple lanzó Siri, el primer asistente virtual basado en inteligencia artificial que se integró en los smartphones. Unos años después, en 2014, Amazon lanzó Alexa, que permitió a los usuarios interactuar con su hogar mediante comandos de voz, y Google introdujo su propio asistente, Google Assistant, en 2016.

Estos sistemas no sólo responden preguntas, sino que también ayudan a los usuarios a gestionar tareas; como programar recordatorios, realizar búsquedas en la web, controlar dispositivos inteligentes en el hogar, e incluso hacer compras. Su capacidad para integrarse con múltiples aplicaciones y plataformas ha hecho que se conviertan en compañeros tecnológicos indispensables.

Por ejemplo, con solo decir "Alexa, añade leche a mi lista de la compra" o "Siri, configura una alarma para mañana a las 7 de la mañana", los usuarios pueden realizar tareas que, de otra manera, requerirían más tiempo y esfuerzo. En muchos casos, estos asistentes también aprenden de las preferencias del usuario, lo que les permite personalizar las respuestas y recomendaciones.

Las aplicaciones actuales y futuras de la inteligencia artificial conversacional, están transformando prácticamente todos los sectores de nuestra sociedad, desde la forma en que trabajamos y nos comunicamos hasta cómo consumimos servicios y productos. Las IA conversacionales no solo han mejorado notablemente en su capacidad para mantener diálogos coherentes, sino que también se han vuelto herramientas cada vez más precisas y útiles para resolver problemas, automatizar tareas y personalizar experiencias.

En los últimos años, todo este avance, ha permitido que los sistemas conversacionales evolucionen de simples chatbots a sofisticadas inteligencias que pueden adaptarse a contextos complejos y mantener interacciones mucho más cercanas a las humanas. Si bien estas IA ya están jugando un papel importante en nuestras vidas, su verdadero potencial está en lo que podrían llegar a ser en el futuro, impactando de manera más profunda en sectores clave como el empresarial, la salud, la educación, el entretenimiento, la agricultura y más.

1.3 Aplicaciones actuales y futuras de la IA conversacional.

I. Aplicaciones actuales de la IA conversacional.

Además de asistencia virtual, la IA conversacional también tiene otras muchas aplicaciones, entre las que me gustaría destacar las siguientes:

Atención al cliente automatizada.

Uno de los usos más extendidos de las IA conversacionales hoy en día es en la atención al cliente.

Empresas de todos los tamaños han adoptado chatbots para gestionar consultas, responder preguntas frecuentes y resolver problemas comunes de manera rápida y eficiente. Plataformas como Zendesk, Salesforce e Intercom, han integrado IAs conversacionales para asistir a sus usuarios, lo que ha permitido a las empresas reducir costos operativos y tiempos de respuesta, al tiempo que proporcionan una mejor experiencia al cliente.

Estas IA, son capaces de ofrecer un servicio contínuo, sin importar la hora del día. Este nivel de disponibilidad es uno de los mayores beneficios, ya que permite a los clientes resolver sus dudas y problemas sin tener que esperar a que un agente humano esté disponible. Además, estos chatbots suelen ser capaces de manejar múltiples interacciones al mismo tiempo, algo que sería imposible para un ser humano.

Estos chatbots pueden manejar desde preguntas simples, como "¿Cuál es el estado de mi pedido?", hasta problemas más complejos que involucran múltiples pasos. Además, las IA actuales pueden transferir el diálogo a un agente humano cuando la consulta es demasiado complicada, haciendo que la atención sea mucho más fluida y eficiente.

Las IA conversacionales, especialmente en el ámbito de la atención al cliente, no solo se limita a la rapidez, sino también a la personalización. A medida que las IA conversacionales aprenden más sobre los usuarios, pueden ofrecer respuestas y recomendaciones adaptadas a las necesidades individuales, mejorando la satisfacción del cliente.

Sistemas de soporte técnico automatizado.

Muchas empresas tecnológicas han comenzado a utilizar IA conversacionales para soporte técnico. En lugar de esperar en largas filas telefónicas o pasar tiempo buscando soluciones en foros, los usuarios pueden interactuar con chatbots que identifican rápidamente el problema y proporcionan instrucciones para resolverlo. Estas IA están entrenadas para guiar a los usuarios paso a paso, reduciendo la frustración y mejorando el tiempo de resolución.

Un ejemplo claro son las empresas de telecomunicaciones, que han adoptado IA para resolver problemas técnicos básicos, como la reconexión de servicios, restablecer contraseñas o realizar diagnósticos rápidos en los equipos. Estas herramientas permiten a los clientes obtener soluciones inmediatas, mejorando su experiencia general.

Educación y aprendizaje personalizado.

El uso de la IA conversacional en la educación está creciendo rápidamente. Los sistemas de tutoría virtual están diseñados para proporcionar asistencia personalizada a estudiantes de todos los niveles. Plataformas como Duolingo utilizan IA conversacional para ayudar a los estudiantes a aprender nuevos idiomas, ofreciendo respuestas adaptadas al progreso y al estilo de aprendizaje de cada usuario.

Además, los chatbots educativos pueden actuar como tutores virtuales, ayudando a los estudiantes a resolver problemas, proporcionando material adicional o guiándolos a través de tareas difíciles. Por ejemplo, un estudiante que está aprendiendo matemáticas puede interactuar con un chatbot que le explica un problema paso a paso y ajusta su enseñanza dependiendo del nivel de comprensión del alumno.

Marketing y ventas personalizadas.

El uso de IA conversacional en el marketing y las ventas, ha revolucionado la forma en que las empresas interactúan con sus clientes. Muchas empresas están utilizando chatbots para generar leads, interactuar con visitantes de sitios web, e incluso cerrar ventas. Estas IA, pueden personalizar ofertas basadas en el comportamiento de navegación del cliente, su historial de compras y sus interacciones anteriores.

Por ejemplo, si un cliente ha estado navegando productos en línea sin realizar una compra, un chatbot puede iniciar una conversación ofreciéndole un descuento o más información sobre los productos que le interesan. De esta manera, las empresas pueden aumentar la conversión y mejorar la experiencia del usuario.

Aplicaciones en el sector salud.

En el sector de la salud, las IA conversacionales ya están marcando una gran diferencia. Los sistemas de triage automatizado, como los chatbots médicos, están ayudando a los pacientes a evaluar sus síntomas y obtener orientación sobre si deben buscar atención médica inmediata o manejar su situación en casa. Por ejemplo, plataformas como Ada Health, utilizan IAs conversacionales para hacer preguntas a los pacientes y sugerir posibles diagnósticos basados en sus respuestas.

Además, los chatbots en salud mental, como Woebot, están ayudando a los usuarios a gestionar el estrés, la ansiedad y otros problemas emocionales mediante técnicas de conversación basadas en la terapia cognitivo-conductual. Aunque estos chatbots no reemplazan a los profesionales de la salud mental, actúan como un recurso adicional para brindar apoyo emocional inmediato y reducir la carga en los sistemas de atención.

E-commerce y servicio post-venta.

El comercio electrónico es otro sector donde las IA conversacionales están teniendo un gran impacto. Empresas como H&M o Sephora, han adoptado chatbots que ayudan a los clientes a navegar por sus catálogos, hacer recomendaciones personalizadas e incluso procesar pagos. Además, estos chatbots pueden gestionar solicitudes post-venta, como devoluciones, cambios o rastreo de pedidos, sin la necesidad de interacción humana.

Al mejorar la eficiencia en el servicio y ofrecer una experiencia personalizada, las empresas no solo ahorran recursos, sino que también mejoran la lealtad del cliente y las tasas de retención.

II. Aplicaciones futuras de la IA conversacional.

A pesar de los avances ya mencionados, la IA conversacional tiene un futuro aún más prometedor. A medida que las tecnologías de procesamiento del lenguaje natural y el aprendizaje profundo sigan mejorando, podemos esperar que las IA conversacionales se conviertan en herramientas aún más poderosas y omnipresentes. Aquí te menciono algunas de las aplicaciones que podrían moldear el futuro de la interacción humana con las máquinas:

Interacción multimodal.

El futuro de la IA conversacional no se limitará únicamente a las interacciones por texto o voz, sino que integrará múltiples formas de comunicación, incluidas las imágenes, videos y gestos. Esto se conoce como IA multimodal, donde las inteligencias podrán procesar y generar información combinando texto, imágenes y otros formatos.

Por ejemplo, un asistente virtual del futuro podría interpretar una imagen o un video enviado por el usuario para dar una respuesta más precisa. Si envías una foto de un electrodoméstico averiado, la IA no solo responderá con una solución textual, sino que podrá analizar la imagen, identificar el problema y guiarte visualmente en cómo repararlo.

IA conversacional emocionalmente inteligente.

Uno de los principales desafíos de la IA conversacional actual es su falta de inteligencia emocional. Aunque pueden responder preguntas de manera precisa, todavía luchan para entender el estado emocional del usuario. En el futuro, las IA serán capaces de detectar y responder a las emociones humanas de manera más efectiva, ajustando su tono y respuestas en función del estado emocional del usuario.

Esto tendrá aplicaciones importantes en áreas como el servicio al cliente, la salud mental y el entretenimiento. Una IA capaz de detectar frustración, tristeza o alegría en el usuario podrá adaptar su interacción para ser más empática y mejorar la experiencia general.

Colaboración en el lugar de trabajo.

En el futuro, es probable que veamos IA conversacionales mucho más integradas en los lugares de trabajo, no sólo para automatizar tareas básicas, sino para colaborar de manera activa con los empleados. Las IA podrán asistir a reuniones, gestionar tareas, sugerir decisiones estratégicas basadas en grandes volúmenes de datos, y facilitar el flujo de trabajo.

Imagina un escenario donde, durante una reunión, una IA pueda generar automáticamente resúmenes de lo discutido, programar tareas para los participantes y hacer sugerencias en tiempo real basadas en los temas tratados. Este tipo de interacción cambiará la dinámica del trabajo colaborativo, haciendo que las IA sean una parte central de los equipos.

Asistentes virtuales más humanos.

La interacción con asistentes virtuales será mucho más fluida y natural en el futuro. El objetivo es que estas IA se acerquen lo más posible a una conversación humana real, siendo capaces de llevar discusiones más complejas, comprender mejor el contexto, y recordar interacciones pasadas de manera precisa. Esto incluirá un mejor manejo de los matices del lenguaje, como el humor, el sarcasmo y la ironía.

Además, los asistentes virtuales podrían empezar a asumir funciones de compañeros digitales. Podrán llevar a cabo conversaciones informales, aprender sobre nuestras preferencias y ofrecer recomendaciones proactivas, no solo en temas prácticos, sino también en el ámbito del bienestar personal.

IA en la administración pública.

Otra área en la que veremos un uso cada vez mayor de la IA conversacional es en la administración pública. Los gobiernos ya están comenzando a adoptar IA para interactuar con los ciudadanos, facilitar la tramitación de documentos y proporcionar información sobre servicios públicos. En el futuro, estos sistemas se volverán aún más sofisticados, permitiendo que los ciudadanos interactúen de manera natural con las administraciones, lo que reducirá la burocracia y aumentará la eficiencia.

Entretenimiento interactivo y narrativas personalizadas.

En el ámbito del entretenimiento, la IA conversacional podría revolucionar la forma en que interactuamos con los medios. Los videojuegos ya han comenzado a utilizar IA para crear personajes que pueden interactuar con el jugador de manera dinámica. Sin embargo, en el futuro, estos personajes podrán mantener conversaciones mucho más complejas y adaptarse a las decisiones del jugador, creando experiencias de juego mucho más inmersivas.

Además, la IA conversacional podría integrarse en la creación de contenidos interactivos, como películas o libros en los que el espectador puede influir en la trama a través de conversaciones en tiempo real con los personajes.

En resumen, las aplicaciones actuales y futuras de la IA conversacional son muchas y muy variadas, impactando en múltiples sectores de nuestra vida cotidiana y prometiendo, aún más si cabe, innovaciones en los años venideros. Si bien ya estamos viendo cómo estas tecnologías transforman la atención al cliente, la salud, la educación o el comercio, el verdadero potencial de la IA conversacional aún está en su fase inicial. A medida que continúen mejorando, no sólo seremos testigos de avances técnicos, sino también de una integración más profunda y natural de la IA en nuestra sociedad. Las IA conversacionales, lejos de ser simples herramientas, se convertirán en colaboradores digitales, facilitando nuestra vida diaria y abriendo nuevas oportunidades en todos los campos.

1.4 Beneficios y desafíos de su implementación.

La implementación de la inteligencia artificial conversacional (IA conversacional) ha traído consigo una amplia gama de beneficios que están revolucionando la forma en que interactuamos con la tecnología y facilitando una serie de procesos en diferentes industrias. Sin embargo, junto con estos beneficios también emergen desafíos importantes que deben ser abordados para maximizar su eficacia y minimizar los posibles inconvenientes.

Los beneficios de la IA conversacional van desde la automatización de tareas repetitivas y la mejora en la atención al cliente, hasta el acceso más amplio a la educación y el apoyo emocional. Pero a medida que estas tecnologías avanzan, también surgen desafíos en términos de privacidad, ética, seguridad y accesibilidad. Explorar ambos lados de la implementación de la IA conversacional es crucial para entender cómo estas herramientas están dando forma al presente y al futuro de nuestra sociedad.

I. Beneficios de la IA conversacional; eficiencia y automatización de tareas.

Uno de los beneficios más inmediatos y evidentes de la IA conversacional es su capacidad para automatizar tareas repetitivas y mejorar la eficiencia en una variedad de procesos. Los chatbots y asistentes virtuales pueden encargarse de tareas simples como responder preguntas frecuentes, gestionar reservas, realizar búsquedas o proporcionar información básica. Esto libera tiempo para los empleados humanos, permitiéndoles centrarse en tareas más complejas y de mayor valor.

En empresas de gran escala, esta automatización puede resultar en ahorros significativos de costos. En lugar de contratar grandes equipos de atención al cliente, por ejemplo, una empresa puede implementar un chatbot que funcione las 24 horas del día, 7 días a la semana, respondiendo de manera instantánea a cientos de consultas al mismo tiempo.

Reducción de costos operativos.

Uno de los atractivos principales para las empresas que implementan IA conversacional, es la reducción de costos. Al automatizar funciones que anteriormente requerían empleados, las empresas pueden operar de manera más eficiente sin sacrificar la calidad del servicio. Los chatbots y asistentes virtuales pueden atender a un número ilimitado de clientes al mismo tiempo, lo que reduce la necesidad de expandir los equipos de servicio o soporte técnico.

Además, las IA conversacionales permiten una mayor escalabilidad. Por ejemplo, una empresa que experimenta picos de demanda, como durante las temporadas festivas o eventos especiales, no necesitará contratar personal adicional para manejar el aumento en las interacciones; un chatbot podrá gestionar ese incremento sin problemas.

Mejora en la experiencia del usuario.

Otro de los beneficios más importantes de la IA conversacional es su capacidad para mejorar la experiencia del usuario. Los chatbots pueden proporcionar respuestas rápidas, coherentes y relevantes a las consultas de los clientes, lo que reduce la frustración y mejora la interacción en general. Además, muchos de estos sistemas están diseñados para aprender de las interacciones pasadas, lo que significa que pueden ofrecer una experiencia más personalizada a medida que interactúan con los usuarios.

En el contexto del comercio online, por ejemplo, los chatbots pueden recomendar productos basados en el historial de compras del usuario, hacer sugerencias personalizadas o incluso procesar devoluciones, todo ello con el objetivo de mejorar la satisfacción del cliente y aumentar la probabilidad de retención.

Acceso ampliado a servicios y educación.

Otro aspecto destacado es que la IA conversacional puede hacer que el acceso a servicios y educación sea más inclusivo y accesible. Por ejemplo, en lugares donde el acceso a profesores o tutores es limitado, los chatbots pueden proporcionar tutorías personalizadas, responder preguntas o incluso guiar a los estudiantes a través de ejercicios educativos.

En el sector de la salud, los chatbots médicos pueden proporcionar orientación inmediata a personas que no tienen acceso fácil a profesionales médicos, haciendo preguntas clave y sugiriendo si el usuario debe buscar atención médica inmediata. Además, en sectores como el banco o los servicios públicos, los chatbots permiten que los usuarios realicen operaciones básicas sin necesidad de interacción humana, lo que es particularmente útil en regiones donde las oficinas físicas son inaccesibles o el servicio es limitado.

Soporte multilingüe y global.

La capacidad de las IA conversacionales para manejar múltiples idiomas de manera eficiente es una ventaja considerable, especialmente para empresas y organizaciones que operan a nivel global. Los chatbots pueden ser entrenados en diferentes idiomas y dialectos, lo que permite a las empresas ofrecer soporte y servicios en una amplia variedad de mercados sin necesidad de contratar a un equipo de traductores.

Esto no solo reduce costos, sino que también mejora la experiencia del cliente, ya que los usuarios pueden interactuar con el sistema en su idioma nativo, lo que facilita una comunicación más clara y efectiva.

Análisis de datos y mejoras continuas.

Las IA conversacionales no sólo interactúan con los usuarios, sino que también recopilan grandes cantidades de datos sobre esas interacciones. Estos datos pueden ser extremadamente valiosos para las empresas, ya que proporcionan información sobre patrones de comportamiento del cliente, problemas recurrentes y áreas donde se podría mejorar el servicio.

Con el tiempo, las empresas pueden usar estos datos para optimizar sus productos o servicios. Las IA también pueden mejorar continuamente a través del aprendizaje automático, lo que significa que cuanto más interactúan, más eficientes y precisas se vuelven en sus respuestas.

II. Desafíos de la implementación de la IA conversacional.

A pesar de todos los beneficios mencionados, la implementación de IA conversacional también conlleva una serie de desafíos que no deben pasarse por alto. La tecnología aún enfrenta barreras técnicas y éticas, y aunque se espera que muchas de estas dificultades se superen en el futuro, es crucial abordarlas con cuidado para evitar efectos adversos.

Limitaciones en la comprensión del contexto y la complejidad del lenguaje.

Aunque los avances en el procesamiento del lenguaje natural han mejorado significativamente la capacidad de las IA conversacionales para interactuar con los humanos, todavía existen desafíos relacionados con la comprensión del contexto y los matices del lenguaje. A menudo, los chatbots pueden tener dificultades para entender preguntas complejas, dobles sentidos, sarcasmo o emociones implícitas en la conversación.

Un chatbot puede, por ejemplo, interpretar de manera literal una frase que contiene sarcasmo, ofreciendo una respuesta que no es relevante para la situación. Del mismo modo, el lenguaje humano es altamente dependiente del contexto, algo que las IA a menudo aún no logran captar con precisión, lo que puede resultar en respuestas incorrectas o confusas. Esto es lo que comúnmente llamamos "alucinar".

Privacidad y seguridad de los datos.

El manejo de datos sensibles es uno de los principales desafíos éticos y técnicos asociados con la implementación de la IA conversacional. Los chatbots recopilan información personal durante las interacciones, como nombres, direcciones, detalles de pago o información médica, lo que plantea serias preocupaciones sobre la privacidad y la seguridad de estos datos.

Si las empresas no implementan medidas de seguridad adecuadas, los datos de los usuarios pueden ser vulnerables a robos o mal uso. Además, los chatbots que no están debidamente regulados podrían compartir o almacenar datos de manera que no cumplan con las normativas de privacidad vigentes, como el Reglamento General de Protección de Datos (GDPR) en Europa.

Desplazamiento de empleos.

Uno de los mayores temores asociados con la adopción de IA conversacional es el desplazamiento de empleos. A medida que las empresas adoptan estas tecnologías para automatizar tareas que antes realizaban humanos, existe la preocupación de que los trabajadores, especialmente en sectores como el servicio al cliente o el soporte técnico, se vean desplazados por chatbots y asistentes virtuales.

Si bien algunas tareas pueden ser automatizadas sin perder calidad, es importante encontrar un equilibrio entre la adopción de tecnología y la preservación de empleos. En muchos casos, los trabajadores pueden ser reubicados en roles más estratégicos o de mayor valor añadido, pero no todos los sectores ofrecen estas oportunidades de manera inmediata.

Interacción limitada y frustración del usuario.

A pesar de los avances, los chatbots aún tienen limitaciones en su capacidad para llevar conversaciones complejas o resolver problemas que requieren un razonamiento más profundo. Los usuarios que esperan una interacción más cercana a la humana a menudo pueden sentirse frustrados cuando el chatbot no comprende bien las consultas o les ofrece respuestas que no son útiles.

Este problema se ve agravado cuando los chatbots son la primera línea de contacto y no tienen un sistema eficiente para transferir el problema a un agente humano cuando es necesario. Esta falta de flexibilidad puede llevar a experiencias negativas, lo que a su vez afecta la satisfacción general del cliente.

Sesgos y discriminación.

Otro desafío importante es el sesgo en las IA conversacionales. Dado que los sistemas de IA son entrenados utilizando grandes volúmenes de datos históricos, pueden heredar y perpetuar sesgos presentes en esos datos. Por ejemplo, un chatbot entrenado en datos que reflejan un sesgo racial o de género podría dar respuestas discriminatorias o inapropiadas.

Este problema ha generado debates éticos sobre cómo las empresas y los desarrolladores deben mitigar los sesgos en sus sistemas. Para garantizar que las IA conversacionales sean inclusivas y justas, es necesario un esfuerzo continuo para revisar y ajustar los algoritmos y los conjuntos de datos utilizados en su entrenamiento.

Dependencia tecnológica.

A medida que las IA conversacionales se vuelven más integrales en nuestras vidas, existe el riesgo de desarrollar una dependencia excesiva en estas tecnologías. Las empresas y los usuarios podrían llegar a confiar tanto en los chatbots y asistentes virtuales que olviden o descuiden las soluciones humanas y el pensamiento crítico.

Este desafío también plantea preguntas sobre qué sucederá en situaciones donde la tecnología falla o no está disponible, ya que una excesiva automatización podría resultar en una pérdida de habilidades humanas importantes para resolver problemas o interactuar de manera efectiva sin mediación tecnológica.

Costo de implementación y mantenimiento.

Aunque la IA conversacional puede generar ahorros a largo plazo, su implementación inicial y el mantenimiento continuo pueden ser costosos. El desarrollo de chatbots avanzados o asistentes virtuales personalizados a menudo requiere inversiones significativas en infraestructura tecnológica, capacitación y pruebas.

Además, estos sistemas deben ser actualizados y mantenidos regularmente para garantizar que continúen funcionando de manera eficiente y sin errores. Esto es especialmente cierto en sectores que experimentan cambios rápidos, como el comercio electrónico o la atención al cliente, donde las IA deben adaptarse a las nuevas necesidades y expectativas de los usuarios

Para maximizar los beneficios de la IA conversacional y minimizar sus inconvenientes, es necesario un enfoque equilibrado que incluya el desarrollo continuo de la tecnología, la regulación ética y la consideración cuidadosa de cómo estas herramientas impactan tanto a las personas como a las organizaciones. A medida que la IA conversacional continúa evolucionando, será crucial abordar estos desafíos para que esta tecnología cumpla con su promesa de mejorar la vida humana de manera sostenible y equitativa.

2. La revolución de las IA en la vida cotidiana.

Durante décadas, las interacciones con dispositivos y sistemas digitales fueron mediadas por interfaces rígidas, como los teclados, los ratones y, más recientemente, las pantallas táctiles. Sin embargo, la IA conversacional ha abierto una nueva dimensión de interacción, donde las máquinas pueden comprender, procesar y responder a las instrucciones humanas en un lenguaje natural, más cercano a la forma en que nos comunicamos entre nosotros. Esta evolución ha simplificado enormemente el acceso a la tecnología, haciéndola más intuitiva, accesible y eficaz.

2.1 Cómo las IA han cambiado nuestra interacción con la tecnología.

La IA conversacional, impulsada por avances en procesamiento del lenguaje natural y el aprendizaje automático (machine learning), ha cambiado no sólo la forma en que nos relacionamos con la tecnología, sino también cómo trabajamos, cómo aprendemos, cómo compramos e incluso cómo cuidamos de nuestra salud. A continuación, vamos a ver en profundidad cómo la IA ha impactado nuestra interacción con la tecnología en diversos aspectos de la vida cotidiana y qué cambios podemos esperar en el futuro cercano.

Simplificación de la interacción con dispositivos.

Uno de los impactos más notables de las IA conversacionales es la simplificación de la interacción con dispositivos tecnológicos. Antes, interactuar con una computadora o un dispositivo móvil requería aprender a usar comandos específicos, entender interfaces gráficas complejas y adaptarse a la tecnología. Sin embargo, con la llegada de asistentes virtuales como Siri, Alexa y Google Assistant, los usuarios pueden interactuar de forma directa y natural utilizando su voz.

Este cambio ha permitido que más personas, incluidas aquellas con dificultades tecnológicas, puedan acceder fácilmente a funciones avanzadas sin necesidad de aprender procesos complicados. Por ejemplo, en lugar de navegar por menús, configurar recordatorios o enviar mensajes puede realizarse simplemente pidiendo a un asistente virtual que lo haga. Esto ha hecho que la tecnología sea más accesible para los más mayores o personas con diferentes necesidades de accesibilidad, permitiendo que utilicen dispositivos digitales de manera autónoma.

Además, el reconocimiento de voz y la comprensión del lenguaje natural han permitido que la interacción sea mucho más intuitiva. Los usuarios ya no necesitan conocer comandos específicos para que un sistema entienda sus intenciones; pueden hacer preguntas o dar instrucciones de forma libre, y la IA es capaz de interpretar su significado, haciendo que la interacción sea mucho más fluida y cercana a la comunicación humana.

Personalización y anticipación de necesidades.

Uno de los cambios más profundos en nuestra interacción con la tecnología gracias a la IA es la capacidad de personalización. Los sistemas de IA conversacional no sólo responden a nuestras preguntas o comandos, sino que también pueden aprender de nuestras preferencias y comportamientos, anticipando nuestras necesidades y ofreciendo soluciones personalizadas.

Por ejemplo, los asistentes virtuales pueden aprender nuestras rutinas diarias, recordarnos reuniones importantes, sugerir rutas alternativas basadas en el tráfico en tiempo real, o incluso recomendarnos qué música escuchar o qué productos comprar en función de nuestros hábitos pasados. Esta capacidad de anticipación ha llevado la interacción tecnológica a un nivel en el que los usuarios sienten que sus dispositivos están no solo respondiendo a sus necesidades inmediatas, sino también adelantándose a ellas, creando una experiencia más eficiente y agradable.

En el ámbito de las compras en línea, los sistemas de IA conversacional son capaces de ofrecer recomendaciones personalizadas basadas en el historial de búsqueda o de compra del usuario. Esto no sólo hace que la experiencia de compra sea más rápida y conveniente, sino que también impulsa las ventas de las empresas al proporcionar productos o servicios que realmente interesan al consumidor. Esta personalización ha revolucionado el comercio electrónico, haciendo que las interacciones sean más relevantes y satisfactorias para el cliente.

Automatización y asistencia en el trabajo.

Herramientas como ChatGPT, Gemini o Microsoft Copilot son utilizadas para ayudar a redactar documentos, responder preguntas complejas y analizar grandes volúmenes de datos. Esto mejora la productividad individual y también democratiza el acceso al conocimiento en el lugar de trabajo. Empleados que antes necesitaban consultar a expertos o buscar información detallada ahora pueden obtener respuestas instantáneas y precisas a través de asistentes virtuales impulsados por IA.

Además, la automatización de procesos a través de IA conversacional ha tenido un impacto positivo en la eficiencia organizacional. Las empresas pueden ahora ofrecer atención al cliente 24 horas los 7 días de la semana a través de chatbots, reducir los tiempos de respuesta en los departamentos de soporte técnico y optimizar los flujos de trabajo internos. En algunos casos, las IA conversacionales también pueden gestionar tareas más avanzadas, como el análisis de datos o la toma de decisiones basadas en patrones, lo que incrementa la productividad y reduce los costos operativos.

Revolución en la atención al cliente.

Una de las áreas más transformadas por la IA conversacional es la atención al cliente. Anteriormente, las empresas dependían de grandes equipos de operadores humanos para atender consultas, quejas y solicitudes. Hoy en día, muchas de estas interacciones iniciales son manejadas por chatbots que pueden atender a los usuarios de manera inmediata y en cualquier momento del día.

Estos chatbots han mejorado significativamente en cuanto a su capacidad para comprender el contexto, responder de manera coherente y ofrecer soluciones rápidas a problemas comunes. Si bien aún pueden transferir casos más complejos a agentes humanos, en la mayoría de los casos permiten que los clientes resuelvan sus problemas sin tener que esperar largos tiempos de respuesta o enfrentar colas en las llamadas.

La implementación de IA conversacional en este campo ha tenido un efecto significativo en la satisfacción del cliente, al mejorar la eficiencia, reducir los tiempos de espera y proporcionar respuestas precisas. Además, las empresas pueden ahora recopilar datos valiosos sobre las consultas de los clientes y utilizarlos para mejorar productos o servicios.

La IA conversacional, en este sentido, se ha convertido en un aliado clave para mejorar la experiencia del cliente de manera proactiva.

Cambio en la educación y el aprendizaje.

Otro impacto importante de la IA conversacional se ha dado en el ámbito de la educación. Hoy en día, los estudiantes pueden utilizar asistentes virtuales como tutores personalizados, accediendo a respuestas inmediatas sobre una amplia gama de temas, desde matemáticas hasta historia. Plataformas como Duolingo, han integrado IA conversacional para enseñar idiomas, permitiendo que los usuarios practiquen conversaciones reales y reciban retroalimentación inmediata.

Los sistemas educativos tradicionales también han comenzado a integrar IA conversacional para personalizar la experiencia de aprendizaje de los estudiantes. Por ejemplo, los chatbots pueden analizar el desempeño de un alumno a lo largo del tiempo y ajustar los contenidos y la metodología para que se adapten mejor a sus necesidades específicas, ofreciendo recursos adicionales o explicaciones cuando sea necesario. Esto permite que el aprendizaje sea más efectivo y que cada estudiante pueda avanzar a su propio ritmo.

Además, los MOOCs (cursos masivos abiertos en línea) han empezado a utilizar IA conversacional para facilitar la interacción entre estudiantes y profesores, mejorando la accesibilidad de la educación para millones de personas en todo el mundo. Esto ha hecho que la educación de alta calidad esté al alcance de más personas, sin importar su ubicación geográfica o situación económica, marcando un hito en la democratización del conocimiento.

Impacto en el bienestar y la salud mental.

Un área emergente donde la IA conversacional ha tenido un impacto considerable es en el campo del bienestar y la salud mental. Plataformas como Woebot y Wysa utilizan IA conversacional para proporcionar apoyo emocional y terapias cognitivo-conductuales a personas que buscan ayuda, pero que prefieren no acudir a un terapeuta humano o no tienen acceso inmediato a uno.

Estos chatbots de salud mental pueden guiar a los usuarios a través de técnicas de relajación, ofrecer consejos sobre cómo manejar el estrés o la ansiedad, y proporcionar seguimiento continuo sobre el bienestar emocional. Si bien no sustituyen la atención de un profesional de la salud, sirven como una herramienta complementaria valiosa que ayuda a las personas a sentirse escuchadas y apoyadas en momentos difíciles.

En el ámbito de la salud física, la IA conversacional también ha facilitado el acceso a información médica confiable y recomendaciones personalizadas. Los usuarios pueden hacer preguntas sobre síntomas, medicamentos o hábitos saludables, y recibir respuestas instantáneas basadas en bases de datos médicas actualizadas. Esto ha mejorado la accesibilidad al conocimiento médico y ha empoderado a los pacientes para que tomen decisiones más informadas sobre su salud.

2.2 IA en negocios, educación y atención al cliente.

IA en negocios: Reinventando la productividad y la innovación.

Anteriormente, gran parte de las actividades empresariales se centraban en tareas manuales, repetitivas o administrativas que requerían mucho tiempo. Con la IA, la automatización ha permitido a las empresas liberarse de esa carga y concentrarse más en la estrategia e innovación.

Uno de los mayores impactos de la IA en los negocios es el uso de algoritmos para análisis predictivo. Estos algoritmos analizan datos históricos para predecir comportamientos futuros, lo que es increíblemente útil en la gestión de inventarios, toma de decisiones estratégicas o incluso en el análisis de mercado. Por ejemplo, las empresas de comercio electrónico, como Amazon, utilizan IA para predecir qué productos van a ser demandados en determinadas épocas del año y, con esta información, optimizan sus inventarios. Esto no sólo reduce costos, sino que también mejora la experiencia del cliente al evitar faltantes de productos.

Otro aspecto donde la IA está revolucionando el sector empresarial es en la personalización del marketing. Las empresas ya no dependen únicamente de anuncios genéricos; ahora pueden ofrecer experiencias personalizadas a sus clientes, basándose en sus preferencias y comportamientos anteriores. Cada vez que interactuamos con una tienda en línea, una red social o una app, los sistemas de IA están recogiendo y analizando datos sobre nosotros. Y, aunque pueda sonar inquietante desde un punto de vista de privacidad, desde una perspectiva comercial, es una herramienta poderosísima. Permite crear estrategias de marketing mucho más efectivas, acercando los productos correctos a las personas correctas en el momento adecuado.

IA en educación: El aprendizaje del futuro, hoy.

Uno de los mayores desafíos del sistema educativo tradicional, ha sido la dificultad de adaptarse a las necesidades de cada estudiante. En un aula, es prácticamente imposible que un profesor pueda personalizar la enseñanza para 30 o más estudiantes con diferentes estilos de aprendizaje, intereses o niveles de habilidad. Aquí es donde la IA está logrando avances notables: personalización del aprendizaje.

Los sistemas de IA pueden monitorear el progreso de los estudiantes en tiempo real, identificar qué áreas presentan mayor dificultad y ajustar el contenido y las lecciones en consecuencia. Imagina un tutor virtual que te conoce perfectamente, que sabe si necesitas más ejemplos prácticos o si tienes que repasar un concepto antes de avanzar. Esto convierte el aprendizaje en algo mucho más dinámico y adaptado al individuo, algo que antes era impensable en un aula tradicional.

Un buen ejemplo de esto son las plataformas de aprendizaje adaptativo, como las que usa Duolingo o Khan Academy. Estas plataformas ajustan el contenido en función del progreso de cada estudiante, ofreciendo un apoyo más efectivo y personalizado. Los estudiantes que progresan rápido pueden avanzar más rápidamente, mientras que aquellos que necesitan más tiempo para dominar un concepto no se sienten presionados ni rezagados.

Además, la IA también ha ampliado el acceso a la educación. Antes, si querías acceder a una educación de calidad, a menudo tenías que estar en una gran ciudad o pagar por instituciones educativas de prestigio. Hoy, gracias a la inteligencia artificial y a internet, cualquier persona con una conexión puede acceder a cursos de universidades de renombre, tutorías personalizadas y una enorme cantidad de recursos educativos de forma gratuita o a bajo costo. Esto está democratizando la educación de una manera que era impensable hace una década, lo cual tiene implicaciones tremendas para las economías emergentes y las personas de bajos recursos.

IA en atención al cliente: eficiencia y humanización.

La atención al cliente es otra área donde la IA ha generado una disrupción masiva. En este campo, la IA ha demostrado su capacidad para mejorar tanto la eficiencia operativa como la satisfacción del cliente, algo que tradicionalmente ha sido difícil de equilibrar.

Uno de los usos más comunes de la IA en atención al cliente es el chatbot. Los chatbots son programas que pueden mantener conversaciones con los usuarios, respondiendo a sus preguntas o guiándolos a través de soluciones a problemas comunes. Lo más interesante de los chatbots es que están disponibles las 24 horas del día, los 7 días de la semana, lo que significa que los clientes pueden obtener respuestas inmediatas, sin tener que esperar a que un agente humano esté disponible.

Un buen ejemplo son los chatbots que utilizan empresas como IKEA o Sephora. Estos bots, resuelven dudas básicas y también pueden ayudarnos con la búsqueda de productos, recomendaciones personalizadas y seguimiento de envíos. A medida que estos sistemas se vuelven más sofisticados, la diferencia entre interactuar con un chatbot y con una persona real se está volviendo menos evidente.

Pero la IA no sólo está mejorando la experiencia del cliente desde el punto de vista de la eficiencia. También está mejorando la empatía y la personalización en las interacciones. Por ejemplo, algunos sistemas de IA pueden analizar el tono de la voz o el lenguaje que un cliente usa en un correo electrónico o chat, lo que permite adaptar las respuestas de manera más emocionalmente inteligente. Esto es especialmente importante en situaciones delicadas, donde un mal manejo de la situación podría resultar en la pérdida de un cliente.

Además, muchas empresas están utilizando la IA para analizar el historial de interacción de un cliente con la marca. Así, cuando un cliente contacta al servicio de atención, la IA puede informar a los agentes humanos sobre el contexto de las interacciones pasadas, lo que permite que el agente brinde una experiencia mucho más personalizada. Esto hace que el cliente se sienta valorado, ya que la empresa no lo trata como un número más, sino que muestra que conoce sus necesidades y preferencias.

En los negocios, la IA nos está empujando hacia la innovación continua, permitiéndonos tomar decisiones más inteligentes y eficientes. En la educación, está dando forma a una era en la que el aprendizaje se adapta a cada individuo, ofreciendo oportunidades para todos. Y en la atención al cliente, está haciendo que las interacciones sean más rápidas, eficientes y, paradójicamente, más humanas.

La inteligencia artificial no es el futuro, es el presente, y su papel solo seguirá creciendo en nuestras vidas. Estamos en la cúspide de una revolución que nos llevará a replantear nuestra relación con el trabajo, la educación y la interacción con las marcas. Sólo queda ver hasta dónde podemos llegar con ella.

2.3 Ética y responsabilidad en el uso de IA.

La IA ofrece beneficios innegables, como mayor eficiencia, innovación y personalización... pero también plantea una serie de cuestiones éticas que no podemos ignorar. Este es un tema apasionante porque involucra aspectos tan amplios como la privacidad, el sesgo, la toma de decisiones autónoma y el impacto social. Vamos a explorar juntos estas cuestiones de manera profunda.

La IA y la toma de decisiones: ¿Quién tiene el control?

Una de las principales preocupaciones éticas sobre la IA es su capacidad para tomar decisiones autónomas. Los algoritmos de IA están diseñados para analizar enormes cantidades de datos y llegar a conclusiones que, en algunos casos, pueden ser más precisas que las decisiones humanas.

Esto suena positivo, pero plantea un interrogante importante: ¿Quién es el responsable cuando una IA toma una mala decisión?

En áreas críticas como la atención médica o la justicia, donde los errores pueden tener consecuencias graves, esta cuestión es fundamental. Imagina un sistema de IA encargado de decidir si una persona es elegible para un préstamo bancario, un puesto de trabajo o incluso para salir en libertad condicional. Si ese sistema comete un error, o si sus decisiones están sesgadas por los datos con los que fue entrenado, ¿a quién se le puede exigir responsabilidades? Esta pregunta está aún en el aire, ya que en muchos casos la cadena de responsabilidad entre los desarrolladores de la IA, las empresas que la implementan y los usuarios finales no está clara.

En este sentido, es crucial que las empresas y gobiernos que implementan IA lo hagan con un marco de transparencia y responsabilidad claro. No solo se trata de confiar ciegamente en los algoritmos, sino de crear sistemas donde se pueda entender cómo y por qué se toman ciertas decisiones. Esto nos lleva a otro tema fundamental: la explicabilidad.

La explicabilidad de la IA: El problema de las "cajas negras".

La IA, especialmente en sus formas más avanzadas como el aprendizaje profundo, a menudo funciona como una especie de "caja negra". Esto significa que, si bien los resultados que produce pueden ser útiles o correctos, es difícil para los humanos entender exactamente cómo llegó a esos resultados. La falta de transparencia puede generar desconfianza, especialmente en sectores como la salud o las finanzas, donde es fundamental comprender por qué se tomó una decisión específica.

Por ejemplo, si un sistema de IA determina que un paciente tiene más probabilidades de desarrollar una enfermedad, pero no puede explicar de manera clara cuáles son los factores que contribuyeron a esa conclusión, tanto los médicos como los pacientes podrían dudar de la recomendación. Del mismo modo, si una IA rechaza un crédito a alguien, la persona afectada tiene derecho a saber por qué. Esta falta de claridad puede afectar gravemente la confianza en la tecnología.

La solución a este problema pasa por desarrollar sistemas de IA más transparentes y comprensibles, donde los usuarios puedan entender los procesos que llevan a cada decisión. Esto no solo es importante desde una perspectiva técnica, sino también desde una perspectiva ética, porque el derecho a una explicación es fundamental en cualquier sociedad justa y democrática.

Sesgo en la IA: Un reflejo de nuestros prejuicios.

Uno de los aspectos más controvertidos de la IA es el sesgo. Los sistemas de inteligencia artificial no son inherentemente neutrales; aprenden de los datos que se les proporciona. Si los datos están sesgados o reflejan los prejuicios existentes en la sociedad, la IA no solo replicará esos sesgos, sino que podría amplificarlos.

Por ejemplo, se han documentado casos de sesgo de género y racial en sistemas de reconocimiento facial, en algoritmos de selección de personal y en sistemas de justicia predictiva. Si un algoritmo de contratación está entrenado en datos históricos de empleados donde predominan hombres blancos, es probable que el sistema favorezca a candidatos que coincidan con ese perfil, incluso si las mujeres o personas de minorías étnicas son igualmente o más calificadas.

Este es un problema ético enorme porque puede perpetuar y profundizar las desigualdades sociales. Los desarrolladores y las empresas deben ser conscientes de estos sesgos y tomar medidas para mitigarlos, como revisar y limpiar los datos de entrenamiento, y asegurarse de que los equipos que diseñan estas tecnologías sean diversos y representen una amplia gama de perspectivas. La ética en la IA requiere que estemos atentos no sólo a los beneficios inmediatos de la tecnología, sino también a los riesgos a largo plazo.

Privacidad y vigilancia: El lado oscuro del Big Data.

Otro gran desafío ético en el uso de la IA es la privacidad. La IA se basa en la recopilación de grandes cantidades de datos para funcionar correctamente, y muchas veces estos datos provienen de nuestras actividades diarias: desde nuestras búsquedas en internet hasta nuestras interacciones en redes sociales, compras en línea, o incluso el uso de dispositivos inteligentes en nuestros hogares.

Esta capacidad de recolectar y analizar datos ha llevado a que muchas empresas y gobiernos tengan acceso a una cantidad sin precedentes de información sobre nosotros. Esto plantea serios problemas de vigilancia masiva. En algunos casos, la IA se utiliza para monitorear el comportamiento de las personas de maneras que violan su derecho a la privacidad. Esto puede ir desde anuncios hiperpersonalizados hasta tecnologías de vigilancia que utilizan el reconocimiento facial para rastrear a las personas en espacios públicos, como ocurre en algunos países.

Un ejemplo extremo de esto es el sistema de créditos sociales en China, donde se monitorean las acciones de los ciudadanos para determinar una "puntuación" que influye en su acceso a ciertos servicios y oportunidades. Si bien este es un caso extremo, plantea la cuestión de hasta qué punto estamos dispuestos a sacrificar nuestra privacidad en nombre de la eficiencia y la seguridad.

Desde una perspectiva ética, es esencial que los sistemas de IA respeten los derechos fundamentales de las personas, incluyendo su derecho a la privacidad. Esto significa que los gobiernos y las empresas que utilizan IA deben ser transparentes sobre cómo recolectan y utilizan los datos, y deben permitir que las personas tengan control sobre su propia información.

Impacto social y desigualdades económicas.

La implementación de la IA también plantea preguntas sobre su impacto en el empleo y la estructura social. La automatización impulsada por IA está desplazando a muchos trabajadores, especialmente en industrias como la manufactura, la logística y el comercio minorista. Si bien es cierto que la IA está creando nuevos empleos en campos tecnológicos avanzados, hay una creciente preocupación por que muchas personas queden atrás en esta transición, especialmente aquellos con menos acceso a la educación y la capacitación necesarias para adaptarse.

Desde un punto de vista ético, es vital que las empresas y los gobiernos asuman la responsabilidad de minimizar el impacto negativo de la IA en el empleo. Esto puede incluir programas de capacitación para trabajadores desplazados, la creación de redes de seguridad social más sólidas y un esfuerzo conjunto para garantizar que los beneficios económicos de la IA se distribuyan de manera equitativa en la sociedad.

Si no tomamos medidas ahora, corremos el riesgo de exacerbar las desigualdades económicas y sociales, creando una sociedad dividida donde aquellos con acceso a las habilidades tecnológicas prosperan, mientras que los demás se quedan atrás.

3. Cómo funciona la IA conversacional.

3.1 Procesamiento del lenguaje natural (NLP).

A diario, en asistentes virtuales (Alexa, Siri), chatbots de servicio al cliente y plataformas educativas, nos encontramos conversando con sistemas que parecen entender nuestras palabras y generar respuestas coherentes, naturales y útiles. Pero detrás de esta "aparente" inteligencia, ¿qué es lo que realmente sucede? Para entender esto, es fundamental hablar del procesamiento del lenguaje natural (NLP, por sus siglas en inglés), que es la pieza clave que permite que las máquinas puedan "entender" y "responder" en lenguaje humano.

¿Qué es el Procesamiento del Lenguaje Natural (NLP)

El procesamiento del lenguaje natural es un campo de la inteligencia artificial que se enfoca en la interacción entre las computadoras y el lenguaje humano. El objetivo del NLP es enseñar a las máquinas a comprender, interpretar y generar texto o habla en un lenguaje natural, como el español o el inglés, de la misma forma en que lo hacen los humanos. Para lograr esto, la IA debe lidiar con una serie de desafíos complejos, porque el lenguaje humano es increíblemente diverso, ambiguo y matizado.

El lenguaje no sólo se basa en reglas gramaticales (que ya de por sí pueden ser difíciles), sino que también incluye variaciones de significado dependiendo del contexto, tonos de voz, emociones, regionalismos y hasta la ironía o el sarcasmo. Las palabras cambian de significado según el lugar en una oración o el contexto cultural. Ahí es donde entra en juego el poder del NLP, ya que se trata de un conjunto de técnicas y algoritmos que permiten a las máquinas trabajar con este tipo de complejidades.

¿Cómo funciona la IA conversacional?

La IA conversacional se basa en un conjunto de tecnologías que permiten a un sistema procesar lo que decimos y luego generar una respuesta apropiada. Este proceso puede dividirse en varias fases clave:

1. Comprensión del lenguaje.

Lo primero que ocurre en una conversación con una IA es la comprensión del lenguaje. La máquina debe recibir nuestra entrada (texto o voz) y traducirla en algo que pueda procesar. Si hablamos en lugar de escribir, primero es necesario convertir la voz en texto, usando lo que se conoce como reconocimiento de voz. Este proceso toma nuestra señal de audio y la transforma en palabras escritas.

A continuación, el texto pasa por un proceso de análisis morfológico y sintáctico, donde la IA descompone las palabras en unidades más pequeñas para entender qué papel juega cada una en la oración. Luego, se aplica el análisis semántico, que trata de entender el significado de las palabras y las frases en contexto.

Aquí se emplean algoritmos de tokenización, que dividen el texto en sus componentes más simples, como palabras o grupos de palabras (conocidos como "tokens"), y modelos de análisis gramatical, que identifican la estructura de las oraciones. Esto ayuda a la IA a identificar qué está siendo dicho, quién es el sujeto, qué verbo se está utilizando y a qué objeto se refiere, entre otros aspectos.

2. Contexto y desambiguación.

Un reto clave en el procesamiento del lenguaje es que muchas palabras tienen varios significados. Por ejemplo, la palabra "banco" puede referirse a una institución financiera o a un asiento. La IA necesita determinar qué significado es el correcto en función del contexto. Aquí es donde entra el modelo de desambiguación semántica, que ayuda a la IA a seleccionar el sentido adecuado de una palabra basándose en las palabras circundantes y el tema general de la conversación.

Además de las palabras individuales, el contexto de toda la conversación es fundamental. Los sistemas de IA conversacional avanzados utilizan técnicas de gestión del estado de la conversación, lo que significa que recuerdan lo que se ha dicho anteriormente en el diálogo. De esta manera, si en una parte de la conversación mencionas "mi madre" y luego preguntas "¿dónde trabaja ella?", la IA puede entender que "ella" se refiere a tu madre.

3. Inferencia y generación de respuestas.

Una vez que la IA ha comprendido lo que el usuario ha dicho, el siguiente paso es generar una respuesta. Esto es más complicado de lo que parece, ya que requiere devolver una información precisa y hacerlo de una manera natural y fluida.

Aquí, la IA puede recurrir a una variedad de fuentes de información para responder, como bases de datos, motores de búsqueda o su propio aprendizaje previo (en el caso de los modelos preentrenados). Muchos sistemas modernos, como los que utilizan arquitecturas basadas en redes neuronales profundas, en particular las redes neuronales transformadoras (como GPT), generan texto al prever la palabra más probable que sigue en una secuencia basada en los datos que han visto durante su entrenamiento.

Los modelos como GPT (Generative Pre-trained Transformer) han sido entrenados en enormes cantidades de texto, por lo que tienen una capacidad sorprendente para generar respuestas coherentes y con sentido. Estos modelos además de basarse en reglas programadas, también han aprendido patrones del lenguaje a través de grandes cantidades de datos.

4. Refinamiento y mejora continua.

Los sistemas de IA conversacional no son perfectos. A menudo, las empresas y los desarrolladores monitorean las interacciones de las IA con los usuarios para identificar áreas donde podrían mejorar. Esto se hace mediante técnicas de aprendizaje supervisado, en las cuales los desarrolladores corrigen respuestas incorrectas o inapropiadas, y el sistema aprende de esas correcciones.

Otra técnica es el aprendizaje por refuerzo, donde la IA recibe "recompensas" o "penalizaciones" basadas en la calidad de sus respuestas, ajustando así su comportamiento para ser más eficaz en futuras interacciones. Con el tiempo, estas técnicas permiten que la IA conversacional mejore su capacidad de comprensión y generación de lenguaje, volviéndose más sofisticada y útil.

¿Qué hace que el NLP sea tan difícil?

A pesar de los avances en el campo, el NLP sigue siendo un desafío muy complejo por varias razones. Una de las principales es la ambigüedad del lenguaje humano. Incluso los humanos a veces malinterpretan las palabras o frases de otros, especialmente cuando el contexto es limitado o la expresión es vaga. Por ejemplo, la frase "voy a correr" puede referirse a una actividad física o a un apuro para ir a algún lugar. La IA tiene que hacer un esfuerzo considerable para desambiguar este tipo de expresiones basándose en datos previos.

Otra dificultad es la variedad de formas en que se expresa el lenguaje. No todos usamos las mismas palabras para referirnos a las mismas cosas, y factores como los dialectos, las expresiones coloquiales, el argot o el lenguaje técnico especializado añaden otra capa de complejidad. Incluso el mismo concepto puede describirse de muchas maneras diferentes, y una IA debe ser capaz de reconocer y manejar estas variaciones.

Además, está el desafío de comprender el tono, la emoción y la intención. Los humanos nos comunicamos información literal con nuestras palabras, pero además, transmitimos emociones, actitudes y matices que son vitales para entender completamente el significado de una conversación. Por ejemplo, detectar si alguien está siendo sarcástico o está bromeando puede ser complicado para una IA, ya que las palabras por sí solas no siempre revelan la intención.

En el futuro, es probable que veamos una integración aún más profunda de las IA conversacionales en todas las áreas de la vida cotidiana, mejorando en la capacidad de entender y responder con mayor precisión y empatía.

El procesamiento del lenguaje natural es una de las áreas más impresionantes de la inteligencia artificial. Cada vez que interactuamos con una IA conversacional, ya sea en forma de un chatbot o un asistente virtual, estamos presenciando el resultado de una enorme cantidad de investigación, ingeniería y aprendizaje automático que trabaja detrás de escena para comprender y generar lenguaje humano. Aunque aún hay mucho por mejorar, los avances en el NLP están llevando la interacción hombre-máquina a niveles insospechados, creando nuevas oportunidades para la comunicación y la colaboración en un futuro cada vez más digital.

3.2. Modelos de lenguaje: GPT, BERT y otros.

Los modelos de lenguaje han sido un pilar fundamental en el avance de la inteligencia artificial, especialmente en el campo del procesamiento del lenguaje natural (NLP). Gracias a ellos, las máquinas pueden procesar, entender y generar lenguaje humano de una manera cada vez más precisa y natural. Entre los modelos de lenguaje más influyentes se encuentran GPT (Generative Pre-trained Transformer) y BERT (Bidirectional Encoder Representations from Transformers), que han revolucionado el campo por su capacidad para manejar grandes cantidades de texto y generar resultados de alta calidad.

En esta redacción, vamos a profundizar en cómo funcionan estos modelos, qué los hace tan especiales y en qué se diferencian, además de mencionar otros modelos importantes que han impulsado el progreso de la IA en este ámbito.

¿Qué es un modelo de lenguaje?

Un modelo de lenguaje es un sistema que ha sido entrenado para predecir la probabilidad de una secuencia de palabras. Su objetivo principal es entender cómo se organiza y utiliza el lenguaje en textos, y a partir de esa comprensión, generar, completar o transformar frases de manera coherente. En términos sencillos, un modelo de lenguaje es como un "experto en patrones" del idioma que puede predecir cuál será la próxima palabra en una oración, completar textos, responder preguntas o traducir idiomas.

En el pasado, los modelos de lenguaje solían ser limitados, ya que utilizaban enfoques simples como las cadenas de Markov o los n-gramas, que trataban de predecir la próxima palabra sólo basándose en las dos o tres palabras anteriores. Estos métodos no podían captar el significado profundo de las oraciones, ya que no podían tener en cuenta el contexto completo. Esto cambió radicalmente con el desarrollo de modelos basados en redes neuronales profundas, particularmente aquellos que utilizan una arquitectura llamada "Transformers."

Los Transformers: la base de los modelos avanzados de lenguaje.

Los Transformers son una arquitectura de redes neuronales introducida en 2017 por un equipo de investigadores de Google, que revolucionó el campo del procesamiento del lenguaje. La principal innovación de los Transformers es su capacidad para procesar palabras en paralelo, a diferencia de los modelos tradicionales que procesaban una palabra a la vez, lo que permitía capturar relaciones más complejas entre las palabras a lo largo de todo un texto.

Una característica clave de los Transformers es el mecanismo de atención o self-attention, que les permite enfocar en diferentes partes de una oración o un texto, asignando más "atención" a las palabras que son más importantes para el significado general. Esto significa que, al procesar una palabra, el modelo también está considerando otras palabras clave, incluso si están lejos en la oración, capturando así una visión global del contexto.

GPT (Generative Pre-trained Transformer)

El modelo GPT es uno de los ejemplos más destacados de los Transformers. Desarrollado por OpenAI, el primer GPT fue lanzado en 2018, seguido por GPT-2 en 2019 y el altamente conocido GPT-3 en 2020. GPT ha destacado por su capacidad para generar texto coherente y de alta calidad, similar al escrito por humanos, basándose en grandes volúmenes de datos.

¿Cómo funciona GPT?

GPT es un modelo de lenguaje autoregresivo, lo que significa que genera texto prediciendo la siguiente palabra en una secuencia basada en las palabras anteriores. Por ejemplo, si se le da una frase incompleta como "El sol brilla en el", GPT podría predecir que la siguiente palabra es "cielo" o "día", basándose en lo que ha aprendido durante su entrenamiento.

Este modelo se entrena en dos fases:

1. Preentrenamiento: Durante esta fase, el modelo se expone a una gran cantidad de texto, como libros, artículos y sitios web, y aprende los patrones estadísticos del lenguaje. Aprende a predecir palabras a partir del contexto, pero no está limitado a tareas específicas durante esta fase.

2. Ajuste (Fine-tuning): En esta etapa, el modelo se ajusta a tareas específicas, como responder preguntas, realizar traducciones o generar texto creativo. Esta etapa puede implicar entrenar el modelo en conjuntos de datos más pequeños y específicos para mejorar su rendimiento en tareas particulares.

¿Qué hace que GPT sea especial?

GPT es impresionante por varias razones. En primer lugar, su capacidad para generar texto extenso que mantiene coherencia a lo largo de párrafos o incluso páginas enteras es notable. A diferencia de otros modelos anteriores, GPT no solo se enfoca en completar frases cortas, sino que puede "entender" el flujo del lenguaje a largo plazo.

Otra característica importante es que GPT está basado en el modelo unidireccional de los Transformers, lo que significa que cuando predice la siguiente palabra, solo toma en cuenta el contexto de las palabras anteriores. A pesar de esto, sigue siendo extremadamente eficaz en una amplia variedad de tareas.

GPT-4: El gigante.

GPT-4, con más de 200 mil millones de parámetros, es uno de los modelos de lenguaje más grandes jamás creados. Su tamaño le permite captar patrones extremadamente complejos del lenguaje, lo que resulta en respuestas de gran precisión y naturalidad en tareas como generación de texto, resumen, traducción, y más. GPT-4 es capaz de realizar aprendizaje en pocos disparos (few-shot learning), lo que significa que puede realizar una tarea con sólo recibir unos pocos ejemplos como referencia, sin necesidad de un ajuste fino extenso.

BERT (Bidirectional Encoder Representations from Transformers)

BERT, introducido por Google en 2018, es otro modelo transformador que ha causado un gran impacto en el procesamiento del lenguaje. A diferencia de GPT, que es autoregresivo y sólo tiene en cuenta el contexto anterior, BERT utiliza una aproximación bidireccional, lo que significa que tiene en cuenta tanto el contexto anterior como el posterior de una palabra al procesarla. Esto lo hace especialmente bueno para tareas como la comprensión lectora y el análisis semántico profundo.

¿Cómo funciona BERT?

BERT se entrena utilizando una técnica conocida como enmascarado de palabras (masked language modeling). Durante el entrenamiento, se seleccionan al azar palabras en una oración y se "enmascaran" (se reemplazan por un token especial). El modelo entonces trata de predecir qué palabra está enmascarada, basándose en las palabras que la rodean. Debido a que BERT puede mirar tanto a la izquierda como a la derecha del token enmascarado, puede entender el contexto completo de una palabra o frase.

Esta capacidad bidireccional hace que BERT sea muy efectivo en tareas donde es importante comprender relaciones complejas en una oración, como en preguntas y respuestas o en la clasificación de sentimientos en un texto.

Aplicaciones de BERT.

BERT ha sido ampliamente utilizado en motores de búsqueda, incluido el de Google, donde ha mejorado la capacidad del sistema para comprender las consultas de los usuarios. También ha sido exitoso en tareas como la clasificación de textos, la extracción de información y la resolución de ambigüedades semánticas.

Diferencias entre GPT y BERT.

- Direccionalidad: GPT es un modelo unidireccional (autoregresivo), lo que significa que solo considera el contexto previo al generar texto, mientras que BERT es bidireccional, ya que analiza tanto el contexto anterior como posterior al predecir una palabra.

- Objetivo: GPT está más orientado hacia la generación de texto, por lo que es ideal para tareas que requieren generar contenido largo y coherente. BERT, en cambio, es más útil para tareas de comprensión del lenguaje, como responder preguntas o análisis de sentimientos.

- Entrenamiento: Aunque ambos utilizan arquitecturas de Transformers, los métodos de entrenamiento son diferentes. GPT se entrena para predecir la siguiente palabra en una secuencia, mientras que BERT se entrena para llenar los espacios de palabras enmascaradas, lo que le permite comprender mejor el contexto global.

Otros modelos importantes.

Además de GPT y BERT, existen otros modelos destacados en el campo del procesamiento del lenguaje natural:

- **T5** (Text-to-Text Transfer Transformer): Desarrollado por Google, T5 convierte todas las tareas de NLP en tareas de generación de texto. Por ejemplo, para responder preguntas o traducir textos, T5 convierte el problema en una tarea de "texto de entrada -> texto de salida".

- **XLNe**t: Desarrollado por investigadores de Google y CMU, XLNet es un modelo que combina las ventajas de BERT y GPT. Es bidireccional como BERT, pero también utiliza un enfoque de permutación en el entrenamiento para predecir la próxima palabra en cualquier parte de una oración.

- **RoBERTa**: Basado en BERT, este modelo ajusta ciertos aspectos del entrenamiento para mejorar aún más el rendimiento en tareas específicas, demostrando que con más entrenamiento y mejores datos, BERT puede ser aún más poderoso.

Los modelos de lenguaje como GPT y BERT han transformado la forma en que las máquinas interactúan con el lenguaje humano, haciendo posibles sistemas de IA conversacional, motores de búsqueda más inteligentes y herramientas de análisis de texto de última generación. Aunque estos modelos no son perfectos, el ritmo de avance en el campo del NLP es impresionante, y nos acerca cada vez más a sistemas que entienden y utilizan el lenguaje de maneras tan sofisticadas como lo hacen los humanos.

3.3. Entrenamiento y aprendizaje de las IA conversacionales.

Detrás de cada interacción fluida con un asistente virtual o chatbot, existe un complejo proceso que involucra grandes cantidades de datos, sofisticados algoritmos de aprendizaje y un esfuerzo constante por hacer que las máquinas entiendan y produzcan lenguaje de manera cada vez más parecida a los humanos.

El concepto de aprendizaje en las IA conversacionales.

Antes de hablar sobre cómo las IA conversacionales aprenden, es importante entender qué significa aprender para una máquina. A diferencia de los humanos, que aprenden a través de la experiencia, el contexto, la interacción social y la reflexión, las máquinas aprenden mediante un proceso llamado aprendizaje automático o machine learning. En este proceso, los sistemas de IA se entrenan utilizando datos para identificar patrones y realizar predicciones. El objetivo es que, a medida que el sistema se expone a más datos y escenarios, mejore su capacidad de tomar decisiones y generar respuestas más precisas.

Las IA conversacionales, como Siri, Alexa o los chatbots que encontramos en sitios web, utilizan el aprendizaje profundo (deep learning), que es una subdisciplina del aprendizaje automático que emplea redes neuronales profundas para aprender patrones complejos en grandes volúmenes de datos. Específicamente, los modelos basados en el procesamiento del lenguaje natural (NLP) permiten a las máquinas entender y generar texto de manera fluida y coherente.

Fases del entrenamiento de una IA conversacional.

El proceso de entrenamiento de una IA conversacional se puede dividir en varias fases clave. Estas fases reflejan cómo las máquinas pasan de un estado de conocimiento básico a ser capaces de mantener conversaciones avanzadas.

1. Recopilación de datos: la base del aprendizaje:

El primer paso en el entrenamiento de una IA conversacional es la recopilación de datos. Para que una IA pueda aprender a entender y generar lenguaje natural, necesita exponerse a una enorme cantidad de ejemplos de conversación humana. Estos datos pueden provenir de una variedad de fuentes, como:

- **Textos escritos:** libros, artículos, publicaciones en redes sociales, correos electrónicos y foros en línea. Cuanto más variada sea la fuente, más robusta será la comprensión del lenguaje por parte de la IA.

- Conversaciones habladas: grabaciones de diálogos humanos, subtítulos de videos y transcripciones de llamadas. En el caso de los asistentes virtuales que trabajan con voz, como Alexa, es fundamental recopilar datos de audio.

- Datos de usuarios: las interacciones reales de los usuarios con chatbots o asistentes previos son especialmente útiles para ajustar el comportamiento de las IA a contextos específicos.

Los datasets (conjuntos de datos) que se utilizan para entrenar las IA conversacionales deben ser variados y amplios, para asegurar que la IA aprenda no solo las estructuras gramaticales más comunes, sino también los matices del lenguaje, los diferentes tonos (informal, formal, técnico, coloquial), y cómo manejar situaciones complejas como la ironía, el sarcasmo o las ambigüedades.

Un conjunto de datos comúnmente utilizado es Common Crawl, que contiene enormes cantidades de texto extraído de la web. También existen otros conjuntos de datos diseñados específicamente para el entrenamiento en tareas de conversación, como Cornell Movie Dialogues Corpus, que contiene diálogos de películas, o Persona-Chat, un dataset que incluye conversaciones en las que los hablantes adoptan distintas personalidades.

2. Preprocesamiento de datos: limpiando la información.

Una vez recopilados los datos, el siguiente paso es preprocesarlos. El lenguaje natural es altamente variable y, por lo tanto, los datos crudos a menudo contienen ruido: errores gramaticales, ortográficos, contenido irrelevante o ambiguo. En esta fase, se limpia y estructura la información para hacerla más accesible para el modelo de IA.

El preprocesamiento puede incluir varias etapas, como:

- **Tokenización:** dividir el texto en palabras, frases o grupos de palabras ("tokens"), lo que facilita su análisis.

- **Normalización:** convertir todo el texto a minúsculas, eliminar puntuación innecesaria o caracteres especiales.

- **Eliminación de palabras irrelevantes:** algunas palabras, como "el", "la", "de", etc., pueden no aportar demasiado valor al modelo en algunos contextos, por lo que se eliminan para reducir el ruido.

- **Etiquetado de partes del discurso:** clasificar las palabras en categorías como sustantivos, verbos, adjetivos, etc., para ayudar a la IA a comprender la estructura gramatical de las oraciones.

Además, se pueden agregar metadatos como la entonación o el contexto de una conversación, lo que es especialmente importante para entrenar IA que trabajan con reconocimiento de voz o para ayudar a la máquina a comprender mejor los cambios de tono y emoción en los diálogos.

3. Entrenamiento: el corazón del aprendizaje.

Una vez que los datos están listos, comienza la fase de entrenamiento propiamente dicha. Este es el paso donde las IA conversacionales aprenden a entender y generar lenguaje. En esta etapa, el sistema utiliza modelos de aprendizaje automático, como las redes neuronales profundas, para aprender los patrones en los datos.

El proceso de entrenamiento implica exponer al modelo a ejemplos de entrada (preguntas, frases, diálogos) y pedirle que prediga la respuesta o el siguiente paso en la conversación. Si el modelo genera una respuesta incorrecta, el sistema ajusta sus parámetros internos para mejorar en el futuro. Este ajuste es posible gracias a un algoritmo llamado retropropagación (backpropagation), que permite que el modelo aprenda de sus errores y mejore a lo largo del tiempo.

Durante el entrenamiento, los modelos pasan por una serie de épocas, que son ciclos en los que la IA procesa el conjunto de datos completo una o varias veces. Con cada época, la IA mejora su capacidad de detectar patrones y generar respuestas más precisas. El objetivo es que el modelo minimice el error a lo largo del tiempo, afinando su comprensión del lenguaje.

En este punto, los desarrolladores pueden optar por utilizar distintos enfoques para mejorar el entrenamiento, como:

- Entrenamiento supervisado: donde se proporcionan al modelo ejemplos con respuestas correctas para que aprenda de ellos.

- Aprendizaje por refuerzo: donde el modelo interactúa con usuarios reales o simulados, recibiendo "recompensas" por generar respuestas útiles y "castigos" por respuestas inadecuadas. Este enfoque es especialmente útil para mejorar el comportamiento de la IA en situaciones más dinámicas e interactivas.

4. Ajuste fino: mejorando el rendimiento en tareas específicas.

Una vez que el modelo ha sido entrenado de manera general, entra en la fase de ajuste fino o fine-tuning, en la que se adapta el modelo para realizar tareas específicas. Esta fase es crucial porque, aunque el modelo ya tiene un conocimiento general del lenguaje, es posible que necesite mejorar su precisión en áreas concretas, como el servicio al cliente, la generación de contenido o la respuesta a preguntas técnicas.

Para hacer esto, se entrena la IA en conjuntos de datos más específicos. Por ejemplo, si un chatbot está diseñado para trabajar en una tienda en línea, durante el ajuste fino se expondrá a conversaciones centradas en términos comerciales, nombres de productos y procedimientos de compras. Esto ayuda a que la IA converse de manera más relevante y efectiva en ese dominio particular.

El ajuste fino también se puede utilizar para ajustar el tono y la "personalidad" del asistente. Una IA para atención médica podría ser entrenada para usar un lenguaje formal y empático, mientras que un asistente para redes sociales podría tener un tono más informal y desenfadado.

5. Evaluación y pruebas: asegurando la calidad.

Después de que el modelo ha sido entrenado y ajustado, debe someterse a pruebas exhaustivas para asegurar que funcione correctamente en una variedad de situaciones. Esto incluye pruebas en entornos controlados y pruebas en vivo con usuarios reales.

Los desarrolladores utilizan métricas como la precisión, recall y F1-score para medir el rendimiento de la IA en diferentes tareas. Además, las interacciones se evalúan desde un punto de vista más cualitativo, observando si las respuestas de la IA son naturales, coherentes y útiles.

El proceso de evaluación también incluye identificar y corregir sesgos que puedan surgir durante el entrenamiento. Dado que las IA aprenden a partir de datos humanos, pueden adoptar sesgos presentes en esos datos, lo que podría dar lugar a respuestas inadecuadas o incluso discriminatorias. Es vital que los desarrolladores monitoreen y ajusten el comportamiento de la IA para evitar estos problemas.

6. Mejora continua: aprendizaje en tiempo real.

Una de las características más importantes de las IA conversacionales modernas es que no dejan de aprender una vez que han sido implementadas. De hecho, muchas de ellas están diseñadas para mejorar continuamente a través de aprendizaje continuo y feedback de los usuarios.

Cada vez que interactuamos con una IA conversacional, ya sea un chatbot en un sitio web o un asistente virtual en nuestro teléfono, nuestros inputs y las respuestas generadas pueden ser utilizados como datos adicionales para seguir entrenando al modelo. Este enfoque permite que la IA se mantenga actualizada y aprenda de nuevas situaciones y diálogos.

Desafíos en el entrenamiento de IA conversacionales.

A pesar de los impresionantes avances en el entrenamiento de IA conversacionales, el proceso no está exento de desafíos. Algunos de los más notables incluyen:

- **Comprensión del contexto:** aunque las IA han mejorado mucho en la generación de respuestas naturales, todavía tienen dificultades para comprender el contexto en conversaciones largas o complejas. A veces, una IA puede perder el hilo de la conversación, lo que resulta en respuestas irrelevantes.
- **Ambigüedad y emociones:** comprender la ambigüedad en el lenguaje humano sigue siendo un reto importante. Expresiones irónicas, sarcásticas o aquellas que dependen de un contexto emocional pueden ser difíciles de manejar para una IA, que puede no captar los matices.

- **Datos sesgados:** como mencionamos antes, si los datos utilizados para entrenar la IA contienen sesgos, estos pueden trasladarse a la IA, lo que podría dar lugar a respuestas parciales o inadecuadas.

El entrenamiento y aprendizaje de las IA conversacionales es un proceso fascinante y en constante evolución. Gracias al uso de técnicas avanzadas como las redes neuronales profundas y el aprendizaje continuo, estas IA están logrando una capacidad de conversación más fluida, coherente y natural.

3.4. Limitaciones técnicas actuales.

A pesar de los impresionantes avances en la inteligencia artificial y el procesamiento del lenguaje natural, las IA conversacionales aún enfrentan una serie de limitaciones técnicas que restringen su capacidad para interactuar de manera completamente natural y eficiente con los seres humanos. Estas limitaciones no son simples inconvenientes temporales, sino desafíos técnicos profundamente arraigados que tienen que ver con la forma en que las IA procesan, entienden y generan el lenguaje. A medida que exploramos estas barreras, veremos que algunas están relacionadas con la propia naturaleza del lenguaje humano, mientras que otras son inherentes a los sistemas de IA que usamos hoy.

Este ensayo aborda las limitaciones técnicas actuales de las IA conversacionales desde diferentes ángulos: comprensión del contexto, manejo de ambigüedades, dependencia de datos masivos, procesamiento de emociones y empatía, capacidades de generalización, así como la ética y los sesgos que se arrastran desde los datos utilizados.

Aunque las IA están mejorando rápidamente, entender sus limitaciones actuales nos da una perspectiva realista sobre qué tan lejos estamos de tener máquinas que realmente "piensen" como los humanos.

Comprensión limitada del contexto.

Una de las limitaciones técnicas más notorias en las IA conversacionales es su dificultad para comprender el contexto a largo plazo en las conversaciones. Los modelos de lenguaje, como GPT y otros basados en Transformers, son muy buenos para generar oraciones o fragmentos de texto coherentes dentro de una conversación corta. Sin embargo, cuando se trata de diálogos extendidos, tienden a perder de vista el contexto global o los detalles importantes mencionados anteriormente en la conversación.

Por ejemplo, una IA puede responder adecuadamente a una pregunta en una conversación inicial, pero si el mismo tema o un detalle relacionado vuelve a surgir más adelante, es posible que la IA no recuerde o no comprenda adecuadamente el contexto. Esto ocurre porque estos modelos generalmente no "recuerdan" las interacciones de forma continua; procesan la información de manera fragmentada y secuencial, lo que provoca respuestas desconectadas o incoherentes en diálogos prolongados.

El almacenamiento del contexto es un desafío significativo. Los desarrolladores han intentado mitigar esto implementando mecanismos de **memoria a corto plazo**, donde el modelo puede "recordar" información reciente dentro de una conversación. Sin embargo, aún estamos lejos de lograr que las IA mantengan un nivel de contexto similar al humano, donde recordamos detalles relevantes de conversaciones previas, a veces durante semanas, meses o incluso años.

Ambigüedad en el lenguaje y falta de comprensión profunda.

El lenguaje humano está lleno de ambigüedades: palabras que pueden tener múltiples significados, frases que dependen del tono o del contexto para ser interpretadas correctamente y expresiones que varían según la cultura o el dialecto. Las IA conversacionales, a pesar de su capacidad para procesar grandes cantidades de datos y patrones, aún luchan por desambiguar estos significados de manera consistente.

Por ejemplo, si le preguntas a una IA: "¿Qué hora es en Madrid?", puede responder correctamente. Pero si haces una pregunta más ambigua como "¿Puedes cerrar la ventana?", la IA podría tener problemas para entender si te refieres a una ventana física en una habitación o una ventana del navegador en una computadora.

Los modelos actuales de lenguaje se basan principalmente en correlaciones estadísticas y patrones observados en los datos de entrenamiento. Esto significa que pueden predecir la próxima palabra o frase de manera eficaz, pero no necesariamente comprenden el significado profundo detrás de lo que se está diciendo. Cuando una oración tiene múltiples posibles interpretaciones, la IA a menudo elige una de ellas, basándose en probabilidades, sin un verdadero entendimiento del sentido subyacente. Esta falta de una comprensión profunda es lo que hace que, a veces, las respuestas de las IA parezcan fuera de lugar o simplemente "robotizadas".

Dependencia de grandes volúmenes de datos.

El éxito de los modelos de IA conversacional, como GPT y BERT, depende en gran medida de los enormes volúmenes de datos utilizados durante su entrenamiento. Estos modelos requieren millones o incluso miles de millones de palabras extraídas de libros, sitios web, redes sociales y otras fuentes para desarrollar su capacidad de generar lenguaje humano coherente. Si bien esto les otorga una poderosa habilidad para manejar una variedad de temas, también presenta una serie de limitaciones.

Primero, la necesidad de datos masivos plantea problemas prácticos en términos de recursos computacionales. Entrenar estos modelos consume cantidades significativas de energía y tiempo, lo que hace que el desarrollo de IA avanzadas sea costoso y, en algunos casos, inaccesible para pequeñas organizaciones o investigadores. Además, la dependencia de grandes volúmenes de datos plantea el riesgo de introducir sesgos involuntarios en el modelo. Si los datos utilizados para el entrenamiento contienen información sesgada o desactualizada, la IA también reflejará estos sesgos en sus respuestas, lo que puede resultar en respuestas que perpetúen estereotipos o discriminación.

Otro problema relacionado es que, a pesar de entrenarse con grandes cantidades de datos, las IA no tienen la capacidad de generar conocimiento propio o realizar razonamientos originales. No pueden "entender" realmente los conceptos que manejan; simplemente correlacionan datos basados en lo que han aprendido, sin una verdadera capacidad de razonamiento abstracto. Esto es algo que los modelos actuales aún no pueden replicar y sigue siendo una limitación clave.

Incapacidad para manejar emociones y empatía.

Otra limitación significativa de las IA conversacionales actuales es su incapacidad para comprender y manejar las emociones humanas de manera efectiva. Aunque algunos sistemas pueden analizar el texto en busca de indicios de emociones, como la tristeza o el enojo, la IA aún está lejos de poder ofrecer respuestas verdaderamente empáticas y emocionalmente inteligentes.

Los humanos no solo nos comunicamos con palabras, sino que también transmitimos emociones, estados de ánimo y tonos que añaden profundidad y significado a nuestras conversaciones. La empatía es un aspecto crucial en la interacción humana, especialmente en áreas como el servicio al cliente, el apoyo emocional o la terapia psicológica. Una IA que carece de la capacidad de comprender y responder emocionalmente puede ofrecer respuestas que, aunque sean técnicamente correctas, se sientan frías, distantes o inapropiadas.

Si una persona le expresa a una IA algo como: "He tenido un día terrible, todo salió mal", una IA podría generar una respuesta mecánica como "Lo siento, ¿en qué puedo ayudarte?", que no reconoce el estado emocional de la persona de manera profunda. La empatía requiere no solo reconocer las palabras, sino también interpretar el contexto emocional y social detrás de ellas, algo que las IA todavía no logran hacer bien.

Limitaciones en la generalización y adaptabilidad.

Las IA conversacionales actuales son, en gran medida, especialistas en tareas y se entrenan para desempeñar funciones específicas en lugar de ser generalistas. Aunque pueden ser bastante efectivas dentro de un dominio particular (por ejemplo, atención al cliente o procesamiento de solicitudes técnicas), tienden a tener dificultades cuando se les pide que manejen tareas o preguntas fuera de los escenarios para los que han sido entrenadas. Esto se debe a que su capacidad de generalización (es decir, su habilidad para aplicar conocimientos de un área a otra diferente) es limitada.

Por ejemplo, un chatbot diseñado para brindar soporte técnico puede no ser útil si se le pregunta algo sobre el clima o una consulta médica, a menos que haya sido específicamente entrenado para manejar esas preguntas también. Este entrenamiento especializado significa que las IA actuales tienen problemas para adaptarse de manera flexible a contextos completamente nuevos o imprevistos.

Además, aunque algunos modelos avanzados como GPT-3 han demostrado cierta capacidad para responder preguntas de áreas que no forman parte explícita de su entrenamiento, esto no siempre es fiable. El modelo podría generar respuestas erróneas o inventar información cuando no tiene datos suficientes, un fenómeno conocido como "alucinación" de IA, donde la máquina simplemente crea contenido sin una base real.

Sesgos inherentes y problemas éticos.

Dado que las IA aprenden a partir de grandes conjuntos de datos que reflejan el lenguaje humano y la información en línea, inevitablemente absorben también los prejuicios, estereotipos y sesgos presentes en esos datos.

Por ejemplo, si una IA ha sido entrenada principalmente con datos de fuentes que reflejan puntos de vista específicos, es posible que las respuestas generadas también reflejen esas inclinaciones. Esto puede dar lugar a respuestas que perpetúan discriminación de género, raza, religión o clase social, entre otros. En algunos casos, las IA han generado respuestas ofensivas o inapropiadas debido a la naturaleza sesgada de los datos que han aprendido.

Los desarrolladores están trabajando para mitigar estos sesgos mediante la implementación de mecanismos que detecten y eliminen respuestas problemáticas. Sin embargo, esto sigue siendo un desafío, ya que es difícil detectar y corregir todos los posibles sesgos sin interferir con la funcionalidad general del modelo. Además, esto plantea cuestiones éticas sobre quién decide qué contenido es aceptable o inaceptable, y cómo se deben equilibrar las decisiones algorítmicas con las expectativas sociales y culturales.

Alto costo computacional y consumo energético.

El entrenamiento de modelos de IA conversacional, especialmente los más avanzados como ChatGPT, implica el uso de enormes recursos computacionales. Estos modelos requieren cientos de GPUs o TPUs trabajando durante semanas o incluso meses para entrenarse correctamente. Esto conlleva un alto costo económico para las organizaciones que desarrollan y mantienen estos sistemas.

Además, el consumo energético asociado con entrenar y ejecutar estos modelos a gran escala plantea preocupaciones ambientales. Se estima que el impacto energético de entrenar algunos de los modelos más avanzados de IA es comparable al de las emisiones de carbono producidas por una persona durante toda su vida. A medida que los modelos se vuelven más grandes y complejos, la eficiencia energética se está convirtiendo en una prioridad para los desarrolladores.

Superar estos desafíos requerirá tanto innovaciones tecnológicas como un enfoque cuidadoso en la ética del desarrollo de IA, garantizando que, a medida que las máquinas se vuelvan más capaces, también sean más responsables y conscientes de los sesgos y limitaciones inherentes a su funcionamiento.

4. Tipos de Inteligencias Artificiales.

4.1 Chatbots vs Asistentes Virtuales.

En el vasto y fascinante mundo de la inteligencia artificial, uno de los aspectos más visibles y accesibles para el público en general son las IA conversacionales. Estas herramientas han revolucionado la forma en que interactuamos con la tecnología, facilitando desde la gestión de tareas cotidianas hasta el servicio al cliente en grandes corporaciones. Sin embargo, bajo el paraguas de las IA conversacionales, existen diferentes tipos de sistemas que cumplen con propósitos específicos y utilizan enfoques técnicos distintos. Dos de los más populares y conocidos son los chatbots y los asistentes virtuales.

Aunque ambos se basan en el procesamiento del lenguaje natural para interpretar y generar respuestas en función de las solicitudes de los usuarios, existen diferencias clave en cuanto a su funcionalidad, objetivos y niveles de sofisticación. Ahora vamos a analizar en detalle, estos dos tipos de IA conversacionales, sus características principales, las tecnologías que los impulsan y los contextos en los que suelen aplicarse. Al final, podremos apreciar cómo estos sistemas no solo están moldeando el presente, sino también el futuro de las interacciones humano-máquina.

¿Qué son los chatbots?

Los chatbots son uno de los tipos más comunes de IA conversacionales, y su principal función es interactuar con los usuarios a través de texto (y en algunos casos, voz) para realizar tareas específicas o responder preguntas dentro de un entorno predefinido. En otras palabras, son programas diseñados para simular una conversación con los usuarios, generalmente para proporcionar respuestas rápidas y automáticas a consultas frecuentes o sencillas.

Los chatbots pueden variar en complejidad, desde sistemas extremadamente simples que responden a comandos básicos hasta herramientas más avanzadas que utilizan inteligencia artificial y aprendizaje automático para entender y procesar preguntas más complejas.

Tipos de chatbots: Chatbots basados en reglas:

Los chatbots basados en reglas son los más simples de todos. Funcionan siguiendo un conjunto predefinido de reglas y respuestas, lo que significa que solo pueden interactuar de forma limitada y dentro de un rango estrecho de temas. Estos chatbots no poseen capacidad de "entender" el lenguaje humano; en su lugar, responden a palabras clave o comandos específicos que han sido programados de antemano.

Por ejemplo, un chatbot de este tipo puede estar diseñado para atender preguntas frecuentes en un sitio web de comercio electrónico, como: "¿Cuál es el horario de atención?", o "¿Dónde está mi pedido?". Mientras las consultas del usuario se ajusten a las reglas establecidas, el chatbot puede responder rápidamente. Sin embargo, si el usuario formula una pregunta compleja o utiliza lenguaje más informal o ambiguo, el chatbot no podrá procesar correctamente la solicitud.

Este tipo de chatbot es útil para tareas repetitivas y sencillas, pero no puede manejar conversaciones profundas o personalizadas. Debido a su rigidez, los chatbots basados en reglas son comunes en escenarios donde se requiere atención automatizada básica, como respuestas a preguntas de soporte técnico o gestión de reservas.

Chatbots basados en IA.

Los chatbots basados en inteligencia artificial son mucho más sofisticados que los basados en reglas. En lugar de depender únicamente de palabras clave específicas, estos chatbots pueden analizar el contexto de la conversación y ofrecer respuestas que se ajusten mejor a las intenciones del usuario.

Por ejemplo, si un usuario le dice a un chatbot basado en IA: "Tuve un problema con mi último pedido", el sistema puede comprender que el usuario está hablando de una compra reciente y que hay un problema, a pesar de que no se mencione una palabra clave como "reembolso" o "ayuda". Este tipo de chatbot puede también personalizar las respuestas según el historial del usuario o el contexto de la conversación.

Estos chatbots suelen utilizarse en atención al cliente avanzada, aplicaciones de salud y otros contextos donde es importante ofrecer respuestas personalizadas y contextualmente apropiadas.

4.2 Los asistentes virtuales.

Los asistentes virtuales son una forma más avanzada de IA conversacional. Aunque comparten algunas características con los chatbots, su enfoque y capacidad de operación son mucho más amplios y sofisticados. Los asistentes virtuales están diseñados para realizar una variedad de tareas más complejas y diversificadas, integrándose con otros sistemas y aplicaciones para gestionar múltiples funciones en nombre del usuario.

Mientras que los chatbots están más enfocados en la interacción a nivel de preguntas y respuestas dentro de un marco específico, los asistentes virtuales tienen la capacidad de aprender de los usuarios, realizar tareas personalizadas y anticiparse a las necesidades de quien los utiliza. Ejemplos destacados de asistentes virtuales incluyen Siri de Apple, Alexa de Amazon, Google Assistant, y Cortana de Microsoft.

A diferencia de los chatbots, que generalmente se limitan a interacciones por texto o, en algunos casos, por voz, los asistentes virtuales son multimodales, lo que significa que pueden interactuar a través de varios canales y dispositivos. Pueden integrarse con teléfonos móviles, altavoces inteligentes, electrodomésticos conectados e incluso automóviles.

Por ejemplo, un usuario puede pedirle a Alexa que reproduzca una canción en un altavoz inteligente en casa, o que ajuste la temperatura del termostato mientras maneja su automóvil. Esta capacidad de interactuar de manera fluida a través de diferentes medios y dispositivos es uno de los rasgos distintivos de los asistentes virtuales. Esto es lo que conocemos como IA multimodal.

Tareas más complejas y personalización.

A diferencia de los chatbots, que se enfocan en conversaciones relativamente simples, los asistentes virtuales están diseñados para realizar tareas más complejas.

Pueden gestionar calendarios, realizar compras en línea, encender y apagar luces, enviar mensajes, hacer llamadas telefónicas, buscar información en internet, y mucho más. Gracias a su capacidad para integrarse con múltiples aplicaciones y sistemas, los asistentes virtuales pueden actuar como un verdadero centro de control para la vida digital del usuario.

Además, a medida que los asistentes virtuales se utilizan más, aprenden de las preferencias y patrones de comportamiento del usuario. Por ejemplo, pueden sugerir recordatorios basados en actividades recurrentes, anticipar preguntas comunes o incluso proponer nuevas funcionalidades que el usuario podría encontrar útiles, como recomendar un restaurante cerca de su ubicación o programar una cita médica.

Comprensión del lenguaje natural avanzado.

Los asistentes virtuales cuentan con capacidades avanzadas de procesamiento del lenguaje natural que les permiten entender y responder a un rango mucho más amplio de interacciones humanas. Mientras que un chatbot puede necesitar que el usuario sea más preciso en sus preguntas, un asistente virtual puede procesar solicitudes que sean más abiertas o abstractas, como "Recuérdame enviar ese correo mañana", sin necesidad de detallar exactamente qué correo.

Además, los asistentes virtuales pueden manejar el lenguaje coloquial y las variaciones en la forma en que los usuarios formulan sus preguntas, lo que hace que la interacción se sienta más natural y fluida.

4.3 Chatbots vs. Asistentes Virtuales: Comparación.

Objetivos y casos de uso.

La principal diferencia entre chatbots y asistentes virtuales radica en sus objetivos y los casos de uso para los que fueron diseñados. Los chatbots se enfocan en la resolución de tareas y preguntas específicas, especialmente en entornos empresariales o de atención al cliente. Por ejemplo, un chatbot en una página web de un banco puede responder preguntas sobre cómo abrir una cuenta, verificar el saldo, o guiar al usuario para realizar transferencias.

Los asistentes virtuales, por otro lado, tienen un alcance mucho más amplio y están diseñados para ser herramientas personales que ayuden a los usuarios en múltiples aspectos de su vida diaria, desde organizar su agenda hasta controlar dispositivos domésticos. Un asistente virtual no solo puede responder preguntas, sino también realizar tareas proactivamente basadas en el contexto, los hábitos o preferencias del usuario.

Nivel de interacción y personalización.

Mientras que los chatbots generalmente ofrecen respuestas predefinidas o automatizadas basadas en comandos específicos, los asistentes virtuales pueden personalizar sus respuestas e interacciones en función del perfil del usuario. Esto les permite ofrecer una experiencia más cercana a la humana, ajustándose a las necesidades y preferencias individuales.

Flexibilidad vs. especialización.

Los chatbots suelen ser especialistas en áreas específicas, como atención al cliente, marketing o ventas. Están entrenados para manejar ciertos tipos de consultas dentro de un dominio concreto. Los asistentes virtuales, en cambio, son generalistas que pueden realizar una variedad de tareas y manejar múltiples dominios a la vez, integrándose con diferentes sistemas y aplicaciones para brindar una experiencia de usuario más fluida y completa.

Aunque tanto los chatbots como los asistentes virtuales forman parte del ecosistema de IA conversacionales, cada uno tiene funciones, capacidades y aplicaciones distintas. Los chatbots, aunque útiles y eficientes en entornos específicos, tienen limitaciones en términos de flexibilidad y comprensión profunda del lenguaje, mientras que los asistentes virtuales destacan por su capacidad para realizar tareas complejas, aprender de los usuarios y ofrecer una experiencia más personalizada y proactiva.

A medida que estas tecnologías continúan avanzando, es probable que veamos una convergencia en sus capacidades, donde los chatbots se vuelvan más inteligentes y adaptables, y los asistentes virtuales sigan mejorando su capacidad de interactuar de manera natural y eficiente con los usuarios en una amplia variedad de contextos. En cualquier caso, estos dos tipos de IA conversacionales seguirán jugando un papel crucial en el futuro de las interacciones entre humanos y máquinas.

Sistemas basados en reglas vs. IA avanzada.

En el ámbito de la inteligencia artificial, existen diferentes enfoques para crear sistemas que realicen tareas automatizadas, interactúen con los usuarios o resuelvan problemas. Dos de los enfoques más comunes son los sistemas basados en reglas y los sistemas de IA avanzada. Cada uno de estos enfoques tiene sus propias fortalezas y limitaciones, y el uso de uno u otro dependerá en gran medida de la naturaleza de la tarea que se pretende realizar, así como del contexto en el que se desplegarán.

Vamos a profundizar un poco en ambos tipos de sistemas, comenzando con una descripción de los sistemas basados en reglas, para luego analizar los sistemas de IA avanzada, como los basados en el aprendizaje automático (machine learning) y el aprendizaje profundo (deep learning). También exploraremos sus principales diferencias, ventajas, limitaciones y ejemplos prácticos para ilustrar cómo estos enfoques se utilizan en la práctica.

I. ¿Qué son los sistemas basados en reglas?

Los sistemas basados en reglas son una de las formas más antiguas y más simples de inteligencia artificial. Funcionan mediante un conjunto de reglas predefinida*, escritas por seres humanos, que dictan cómo debe comportarse el sistema en función de las entradas que recibe. Estas reglas generalmente siguen un formato "si-entonces" o "if-then", lo que significa que si se cumple una condición específica, el sistema ejecuta una acción predefinida.

Por ejemplo, en un sistema basado en reglas utilizado para la atención al cliente, una regla podría ser algo tan simple como: "Si el usuario pregunta por el horario de apertura, entonces responder con 'Nuestro horario de apertura es de 9 am a 5 pm'". Este tipo de sistema no tiene capacidad de aprendizaje ni razonamiento, simplemente sigue las instrucciones tal como han sido programadas.

Características principales de los sistemas basados en reglas.

- **Determinismo**: Los sistemas basados en reglas son completamente predecibles. Dado que las reglas están programadas de antemano, las respuestas o acciones que tomará el sistema en un escenario determinado son fijas y no cambian a menos que se modifiquen las reglas manualmente.

- **Simplicidad:** Al no requerir grandes cantidades de datos o técnicas avanzadas de aprendizaje, estos sistemas son más simples de diseñar e implementar. Por lo tanto, son adecuados para tareas específicas que no requieren mucha flexibilidad o adaptabilidad.

- **Falta de adaptabilidad:** Aunque son eficientes para tareas específicas, estos sistemas no pueden adaptarse ni mejorar con el tiempo. Si las reglas no contemplan un escenario particular, el sistema fallará o proporcionará una respuesta incorrecta.

- **Contexto limitado:** Los sistemas basados en reglas solo pueden operar dentro de los confines de las reglas que se les han dado. Si surge una situación imprevista, no pueden hacer inferencias ni extrapolar más allá de lo que las reglas les permiten.

Ventajas de los sistemas basados en reglas.

- Control y previsibilidad: Dado que las reglas son definidas por los programadores, los resultados son totalmente controlables y predecibles, lo que puede ser deseable en sistemas críticos donde no se desea margen para la incertidumbre.

- Fácil implementación: Para tareas sencillas y repetitivas, como responder preguntas frecuentes o automatizar procesos básicos, los sistemas basados en reglas pueden ser rápidos y fáciles de implementar, ya que no requieren el uso de algoritmos complejos ni grandes cantidades de datos.

- Costos reducidos: Comparados con los sistemas de IA avanzada, los sistemas basados en reglas pueden ser menos costosos de desarrollar, ya que no requieren un entrenamiento intensivo de modelos ni el uso de grandes infraestructuras de cómputo.

Limitaciones de los sistemas basados en reglas.

- Escalabilidad limitada: A medida que el número de reglas aumenta, se vuelve cada vez más complicado gestionar y mantener el sistema. En escenarios complejos, donde hay una multitud de excepciones o variaciones, las reglas se vuelven difíciles de manejar, lo que puede llevar a ineficiencias y errores.

- **Rigidez:** Estos sistemas no son capaces de aprender o adaptarse. Si se encuentran con una situación nueva que no está contemplada en las reglas, no podrán responder adecuadamente. Cualquier cambio en el entorno o en las necesidades de los usuarios requiere una intervención manual para actualizar las reglas.

- **Falta de comprensión profunda:** Los sistemas basados en reglas no "entienden" el contexto o el significado detrás de los datos que procesan. Solo reaccionan a patrones predefinidos, lo que limita su capacidad para interactuar de manera flexible o resolver problemas complejos.

¿Qué son los sistemas de IA avanzada?

Los sistemas de IA avanzada representan un salto significativo en comparación con los sistemas basados en reglas. Estos sistemas se basan en tecnologías como el aprendizaje automático (machine learning), el aprendizaje profundo (deep learning) y las redes neuronales artificiales, que les permiten aprender de los datos, mejorar con el tiempo y realizar tareas complejas sin necesidad de que todas las reglas sean programadas manualmente.

A diferencia de los sistemas basados en reglas, que dependen de instrucciones explícitas, los sistemas de IA avanzada aprenden de la experiencia. Se entrenan con grandes cantidades de datos para identificar patrones y tomar decisiones basadas en lo que han aprendido. Por ejemplo, un sistema de IA avanzada puede ser entrenado con miles de imágenes para reconocer objetos, o con grandes volúmenes de conversaciones para interactuar de manera más natural con los usuarios.

Características principales de los sistemas de IA avanzada.

- Capacidad de aprendizaje: Estos sistemas tienen la capacidad de aprender y mejorar con el tiempo. A medida que se exponen a más datos, ajustan sus modelos internos para hacer predicciones más precisas o tomar mejores decisiones.

- Generalización: Los sistemas de IA avanzada pueden generalizar a partir de los datos de entrenamiento para manejar nuevas situaciones que no han encontrado antes. Esto es particularmente útil en contextos donde el entorno o las condiciones cambian con frecuencia.

- Procesamiento de grandes volúmenes de datos: A diferencia de los sistemas basados en reglas, que operan dentro de un marco limitado de entradas, los sistemas de IA avanzada pueden procesar y analizar grandes cantidades de datos en busca de patrones ocultos y complejidades que los sistemas basados en reglas no pueden manejar.

- Adaptabilidad: Estos sistemas pueden adaptarse a nuevas situaciones sin necesidad de reprogramación manual. Si se presentan nuevas condiciones o se introducen nuevos datos, el sistema ajustará sus predicciones y respuestas en consecuencia.

Ventajas de los sistemas de IA avanzada.

- **Flexibilidad:** Al aprender de los datos y no depender exclusivamente de reglas predefinidas, los sistemas de IA avanzada pueden manejar una gama más amplia de situaciones y responder a consultas o problemas más complejos.

- **Precisión mejorada:** Gracias a su capacidad de procesar y analizar grandes volúmenes de datos, los sistemas de IA avanzada pueden ofrecer resultados más precisos en muchas tareas, como el reconocimiento de imágenes, la traducción automática o el procesamiento del lenguaje natural.

- **Personalización:** Los sistemas de IA avanzada pueden ofrecer experiencias más personalizadas, adaptándose a las preferencias y comportamientos de los usuarios. Por ejemplo, los motores de recomendación en plataformas como Netflix o Amazon utilizan IA avanzada para sugerir contenido en función del historial de visualización o compras.

- **Escalabilidad:** Mientras que los sistemas basados en reglas se vuelven complicados y difíciles de gestionar a medida que aumentan las reglas, los sistemas de IA avanzada pueden manejar el crecimiento en la complejidad del entorno de manera más eficiente.

Limitaciones de los sistemas de IA avanzada.

- **Requieren grandes volúmenes de datos:** Los sistemas de IA avanzada necesitan grandes cantidades de datos de alta calidad para entrenarse correctamente. Sin suficiente información, los modelos pueden volverse inexactos o ineficaces.

- **Alto costo computacional:** Entrenar y ejecutar modelos de IA avanzada, especialmente aquellos basados en redes neuronales profundas, requiere un poder computacional significativo. Esto puede traducirse en costos elevados en términos de infraestructura y energía.

- **Opacidad:** Muchas veces, los sistemas de IA avanzada se describen como "cajas negras" porque, aunque producen resultados precisos, no siempre es fácil entender cómo llegaron a esos resultados. Esto plantea problemas de transparencia y confiabilidad, especialmente en aplicaciones críticas, como la medicina o la justicia.

- **Sesgos en los datos:** Los sistemas de IA avanzada pueden heredar los sesgos presentes en los datos con los que fueron entrenados. Si los datos de entrenamiento reflejan prejuicios sociales, culturales o económicos, el sistema puede replicar esos sesgos en sus decisiones o recomendaciones.

Comparación entre sistemas basados en reglas y sistemas de IA avanzada.

La principal diferencia entre ambos sistemas radica en su enfoque. Los sistemas basados en reglas dependen de un conjunto predefinido de instrucciones creadas por humanos, mientras que los sistemas de IA avanzada dependen del análisis de datos y la identificación de patrones para aprender y mejorar. Los primeros son rígidos y limitados a lo que los desarrolladores anticipan, mientras que los segundos son dinámicos y capaces de adaptarse a nuevas situaciones.

También me gustaría destacar, que los sistemas de IA avanzada son mucho más flexibles, ya que pueden aprender y adaptarse a medida que se exponen a más datos o cambian las condiciones del entorno. Los sistemas basados en reglas, por otro lado, son rígidos y requieren una actualización manual constante para manejar nuevos escenarios.

Casos de uso.

Los sistemas basados en reglas son adecuados para tareas simples y repetitivas, como la automatización de procesos rutinarios o la gestión de respuestas a preguntas frecuentes. En cambio, los sistemas de IA avanzada son ideales para aplicaciones que requieren interacciones más complejas, como la personalización de servicios, el análisis de datos masivos o la comprensión profunda del lenguaje natural.

Tanto los sistemas basados en reglas como los sistemas de IA avanzada, tienen su lugar en el ecosistema de la inteligencia artificial. Los sistemas basados en reglas son ideales para tareas simples y específicas donde se necesita control y previsibilidad, mientras que los sistemas de IA avanzada ofrecen la flexibilidad y el aprendizaje necesarios para resolver problemas más complejos y adaptarse a entornos cambiantes.

IV. Comparativa de plataformas populares: ChatGPT, Google Gemini, etc.

En la actualidad, muchas plataformas se destacan por su capacidad de interactuar con los usuarios de manera natural y eficiente. Entre estas, ChatGPT, Google Bard, Copilot, Claude, y otras, representan enfoques diferentes en la implementación de tecnologías de procesamiento del lenguaje natural, pero todas tienen un objetivo común: ofrecer experiencias de conversación más humanas, fluidas y útiles.

Vamos a comparar las principales plataformas de IA conversacional que están disponibles actualmente, examinando sus características, capacidades, y las diferencias clave entre ellas. Analizaremos no sólo su funcionamiento, sino también cómo se utilizan en diferentes contextos y qué las hace únicas. El objetivo de esta comparativa es entender mejor cómo estas herramientas están moldeando nuestra forma de interactuar con la tecnología.

CHATGPT.

ChatGPT, desarrollado por OpenAI, es una de las plataformas más populares y ampliamente conocidas de IA conversacional. Basado en la arquitectura de modelos de lenguaje GPT (Generative Pre-trained Transformer), ChatGPT ha sido entrenado utilizando grandes volúmenes de datos textuales de internet, lo que le permite generar respuestas detalladas y contextualmente relevantes a las preguntas de los usuarios.

Características principales:

- Comprensión profunda del contexto: ChatGPT tiene la capacidad de seguir una conversación con el usuario, manteniendo el contexto durante varios turnos de diálogo. Esto le permite generar respuestas que parecen más humanas y coherentes, lo que resulta en una experiencia conversacional fluida.

- Versatilidad: ChatGPT puede responder preguntas de todo tipo: desde explicaciones técnicas hasta tareas creativas, como escribir historias o generar ideas. Su capacidad para adaptarse a distintos dominios de conocimiento lo convierte en una herramienta muy versátil para usuarios de diferentes sectores.

- Accesibilidad y personalización: A través de la versión gratuita y la versión de pago (ChatGPT Plus), OpenAI ofrece acceso a diferentes niveles de uso. La versión de pago incluye el modelo GPT-4, (que es el más avanzado en el momento de escribir este libro) capaz de gestionar tareas más complejas y ofrecer respuestas más precisas y coherentes.

Ventajas:

- Respuestas detalladas: ChatGPT se destaca por generar respuestas detalladas y bien estructuradas, lo que lo convierte en una excelente opción para usuarios que buscan explicaciones extensas y bien fundamentadas.

- Multifuncionalidad: Desde resolver problemas matemáticos hasta escribir ensayos, generar código o imágenes, ChatGPT puede ser utilizado en una amplia variedad de aplicaciones.

- Actualización constante: Con las actualizaciones regulares de OpenAI, la plataforma sigue mejorando en términos de precisión y funcionalidad.

Desventajas:

- Sesgo en los datos: Como se entrena con datos de internet, algunas respuestas pueden reflejar los sesgos presentes en esos datos, lo que puede influir en la calidad y neutralidad de la información proporcionada.

- Dependencia de internet: Si bien ChatGPT ha sido entrenado con grandes cantidades de datos, su conocimiento no es totalmente actualizado en tiempo real, ya que su entrenamiento tiene un límite temporal de conocimientos.

GEMINI.

El anteriormente conocido como Google Bard, es la apuesta de Google en el campo de la IA conversacional. Basada en el modelo de lenguaje LaMDA (Language Model for Dialogue Applications). Si bien Gemini es un competidor directo de ChatGPT, su enfoque está más alineado con el procesamiento avanzado de diálogos naturales y con una profunda integración en el ecosistema de Google.

Características principales:

- **Enfoque en el diálogo:** Gemini está diseñado específicamente para manejar diálogos largos y coherentes. Su modelo está optimizado para captar las sutilezas del lenguaje y generar respuestas que no solo sean precisas, sino también útiles y contextualmente apropiadas.

- **Actualización en tiempo real:** Una de las mayores fortalezas de Gemini es su conexión con el motor de búsqueda de Google, lo que le permite acceder a información actualizada en tiempo real. Esto lo convierte en una herramienta valiosa para quienes necesitan respuestas basadas en eventos recientes o datos frescos.

- **Integración con Google:** Gemini está integrado con el ecosistema de Google, lo que significa que puede aprovechar el acceso a una gran cantidad de servicios y funciones dentro de los productos de Google. Esto puede ser especialmente útil para tareas que requieren el uso de herramientas como Google Docs, Google Calendar, o Google Maps.

Ventajas:

- **Acceso a información actualizada:** A diferencia de muchos otros modelos de IA, Gemini tiene la capacidad de buscar información actualizada en tiempo real, lo que le da una ventaja cuando se trata de consultas sobre noticias o eventos actuales.

- **Integración con Google Search:** Al estar respaldado por el motor de búsqueda más potente del mundo, Gemini tiene un acceso inigualable a la web, lo que le permite generar respuestas más ricas y detalladas en comparación con otras plataformas.

- Optimización para diálogos complejos: Google ha optimizado LaMDA para comprender y participar en conversaciones complejas y largas, lo que hace que las interacciones con Gemini sean más naturales.

Desventajas:

- Disponibilidad limitada: A pesar de ser una herramienta avanzada, Gemini aún no está disponible globalmente ni en tantos idiomas como ChatGPT.

- Curva de aprendizaje: Al estar profundamente integrado en el ecosistema de Google, algunos usuarios pueden encontrarlo más complejo de utilizar si no están familiarizados con otros productos de Google.

COPILOT (Microsoft)

Copilot, impulsado por los modelos GPT-4 de OpenAI, es la incorporación de IA conversacional de Microsoft a su motor de búsqueda Bing. Su propuesta de valor se centra en una experiencia de búsqueda más inteligente, con la capacidad de generar respuestas detalladas y contextuales, más allá de los enlaces tradicionales.

Características principales:

- Capacidad de búsqueda avanzada: Copilot utiliza la misma tecnología subyacente que ChatGPT, pero está completamente integrado en el motor de búsqueda Bing, lo que le permite proporcionar respuestas que no sólo son conversacionales, sino también basadas en datos de búsqueda en tiempo real.

- Respuestas más concisas: A diferencia de otras IA conversacionales que pueden generar respuestas extensas, Copilot tiende a ofrecer respuestas más concisas y orientadas a la acción, lo que puede ser más útil en situaciones en las que el usuario busca información rápida.

- Integración con Microsoft 365: Copilot también está profundamente integrado con el ecosistema de productos de Microsoft, como Microsoft Word, Excel, y otros, lo que lo convierte en una herramienta valiosa para usuarios empresariales y profesionales.

Ventajas:

- Acceso en tiempo real a la web: Similar a Gemini, Copilot puede buscar información en la web en tiempo real, proporcionando respuestas basadas en los datos más recientes.

- Integración con Microsoft: Para los usuarios que trabajan en el entorno de Microsoft, Copilot ofrece una integración fluida con las herramientas de productividad de Microsoft, lo que le permite ayudar en tareas más complejas, como la generación de documentos o la automatización de procesos.

- Fácil de usar: Para los usuarios que ya están familiarizados con Copilot o los productos de Microsoft, la experiencia de usuario es muy fluida y natural.

Desventajas:

- Menor popularidad: A pesar de sus capacidades, Copilot no ha alcanzado la misma popularidad que Gemini o ChatGPT, lo que puede hacer que algunos usuarios se muestren reacios a adoptarlo.

- Respuestas a veces limitadas: Aunque Copilot utiliza GPT-4, algunas de sus respuestas pueden ser más limitadas en comparación con ChatGPT o Bard, ya que Microsoft optimiza el sistema para respuestas más rápidas y concisas.

Claude (Anthropic)

Claude es un modelo de IA conversacional desarrollado por Anthropic, una empresa de IA que se centra en crear IA más seguras y alineadas con los valores humanos. Aunque menos conocida que ChatGPT o Gemini, Claude ha sido diseñada para ser extremadamente cuidadosa en cuanto a la seguridad y la generación de respuestas alineadas con los intereses del usuario.

Características principales:

- **IA centrada en la seguridad:** Claude ha sido diseñado con un enfoque en la seguridad y la fiabilidad. Se ha optimizado para minimizar las respuestas que podrían ser dañinas, tóxicas o malinterpretadas.

- **Interacciones éticas:** Anthropic ha puesto un fuerte énfasis en garantizar que Claude siga principios éticos en sus interacciones, lo que lo hace una opción ideal para empresas o sectores donde la seguridad y la alineación con valores humanos son primordiales.

Ventajas:

- **Enfoque en la seguridad y la ética**: Claude es una excelente opción para aquellos que buscan una IA que minimice riesgos y se enfoque en brindar respuestas que sean seguras y apropiadas en todo momento.

- **Diseño para sectores sensibles:** Debido a su enfoque en la seguridad, Claude puede ser ideal para sectores como la salud, la educación y los servicios financieros, donde las IA deben seguir regulaciones estrictas.

Desventajas:

- **Menos flexibilidad:** Aunque Claude es altamente segura, esta precaución puede limitar su flexibilidad y capacidad para manejar temas más creativos o fuera de lo común.

- Menor popularidad: Claude no ha alcanzado la misma notoriedad que ChatGPT, Gemini o Copilot, por lo que su adopción ha sido más limitada.

La elección entre todas las plataformas de IA conversacional, dependerá de las necesidades específicas del usuario. ChatGPT es ideal para quienes buscan una herramienta flexible y poderosa para tareas complejas y detalladas. Gemini destaca por su capacidad de proporcionar información actualizada y su integración con el ecosistema de Google, mientras que Copilot es una excelente opción para quienes ya trabajan con herramientas de Microsoft. Por último, Claude sobresale en sectores donde la seguridad y la ética son primordiales.

Antes de pasar al siguiente bloque, te dejo una lista de las inteligencias artificiales que más se usan en la actualidad, con una breve descripción de para qué sirven y en qué dispositivos podemos encontrarlos. Estas IA abarcan desde asistentes personales hasta potentes herramientas de creación de contenido y análisis de datos:

1. Siri (Apple)

- Para qué sirve: Asistente virtual de Apple, ayuda con comandos de voz para realizar tareas como enviar mensajes, hacer llamadas o gestionar calendarios.

- Dónde se usa: iPhone, iPad, Mac, y Apple Watch.

2. Google Assistant.

- Para qué sirve: Asistente virtual que realiza búsquedas, controla dispositivos domésticos inteligentes, agenda eventos y responde preguntas.

- Dónde se usa: En Android (móviles y tablets), altavoces inteligentes (Google Nest), y en ordenadores a través de Chrome.

3. Alexa (Amazon)

- Para qué sirve: Controla dispositivos del hogar inteligente, reproduce música, hace compras en Amazon y proporciona información en tiempo real.

- Dónde se usa: En altavoces Echo, tablets Fire, móviles, y dispositivos de smart home.

4. ChatGPT (OpenAI)

- Para qué sirve: IA conversacional que responde preguntas, escribe textos, resuelve problemas y asiste en tareas creativas o educativas.
- Dónde se usa: En navegadores web, aplicaciones móviles y como plugin en algunos programas de escritorio.

5. Gemini.

- Para qué sirve: Similar a ChatGPT, está diseñado para ofrecer respuestas contextuales a preguntas y consultas complejas utilizando datos actualizados de la web.

- Dónde se usa: En navegadores web y dispositivos Android.

6. Copilot (Microsoft)

- Para qué sirve: Asistente virtual que ayuda a buscar información, gestionar tareas y ayuda en el ecosistema de Microsoft. (Word, excel, power point..) Ofrece respuestas detalladas basadas en GPT-4 y ayuda en tareas como la redacción y búsqueda de información.

- Dónde se usa: En Windows y Microsoft 365.

7. Tesla Autopilot.

- Para qué sirve: Sistema de conducción asistida que utiliza IA para manejar la dirección, aceleración y frenado en vehículos Tesla.

- Dónde se usa: En coches Tesla, principalmente en su modo de conducción semiautónoma.

8. IBM Watson.

- Para qué sirve: Potente IA utilizada para análisis de datos, atención médica, finanzas, y toma de decisiones basadas en grandes volúmenes de información.
- Dónde se usa: En empresas y plataformas de análisis de datos, especialmente en el ámbito corporativo.

9. DeepMind (Google)

- Para qué sirve: IA especializada en resolver problemas complejos de aprendizaje automático, utilizada en avances científicos y en el desarrollo de juegos.

- Dónde se usa: En investigación científica, aplicaciones de biotecnología y en la industria del videojuego.

10. DALL-E (OpenAI)

- Para qué sirve: Generador de imágenes a partir de descripciones textuales, usado para crear arte, diseño gráfico y contenido visual.

- Dónde se usa: En navegadores web y herramientas de creación de contenido.

11. Replika.

- Para qué sirve: Un chatbot diseñado para la interacción personal, utilizado como compañía y ayuda en la mejora del bienestar emocional de las personas.

- Dónde se usa: En aplicaciones móviles (iOS y Android) y navegadores web.

12. Grammarly

- Para qué sirve: Herramienta de corrección gramatical y estilo de escritura que utiliza IA para mejorar textos y sugerir revisiones.

- Dónde se usa: En navegadores, Microsoft Word, y aplicaciones móviles.

13. Youper.

- Para qué sirve: Un asistente de salud mental que utiliza IA para ofrecer terapia basada en la conversación, ayudando con ansiedad y estrés.

- Dónde se usa: En aplicaciones móviles (iOS y Android).

14. Hound (SoundHound)

- Para qué sirve: Asistente de voz que responde consultas, realiza búsquedas y controla dispositivos conectados.

- Dónde se usa: En móviles (iOS y Android), y dispositivos de smart home.

15. MidJourney.

- Para qué sirve: Herramienta de IA que genera arte e imágenes a partir de indicaciones textuales, popular en la creación visual artística.
- Dónde se usa: En navegadores web y servidores de Discord.

16. Jasper AI.

- Para qué sirve: IA orientada al marketing de contenidos y redacción publicitaria, usada para generar textos creativos, blogs y contenido SEO.

- Dónde se usa: En navegadores web y plataformas de escritorio.

17. Lumen5.

- Para qué sirve: Herramienta de creación de videos automatizada, donde la IA transforma texto en videos profesionales con imágenes y música.

- Dónde se usa: En navegadores web.

18. DataRobot.

- Para qué sirve: Plataforma que automatiza el proceso de creación de modelos de aprendizaje automático, permitiendo a las empresas realizar análisis predictivos.

- Dónde se usa: En nubes de datos empresariales y sistemas de análisis de datos.

19. Socratic (Google)

- Para qué sirve: Asistente educativo que utiliza IA para resolver preguntas de estudiantes en temas como matemáticas, ciencia e historia.

- Dónde se usa: En móviles (iOS y Android).

20. Leonardo AI.

- Para qué sirve: Generador de imágenes a partir de texto, muy utilizado para crear arte digital, ilustraciones y diseño gráfico. Ofrece control avanzado sobre el estilo y la estética.

- Dónde se usa: En navegadores web y plataformas de diseño gráfico.

21. Synthesia.

- Para qué sirve: IA que genera vídeos con avatares realistas basados en texto escrito, muy útil para crear contenido de marketing, capacitación y presentaciones.

- Dónde se usa: En navegadores web y plataformas de producción de video.

22. OpenAI Codex.

- Para qué sirve: Un modelo de IA diseñado para traducir lenguaje natural en código, ayudando a desarrolladores a escribir programas más rápido.

- Dónde se usa: En entornos de programación, IDEs como VSCode y GitHub Copilot.

23. RunwayML.

- Para qué sirve: Herramienta de creación de contenido multimedia impulsada por IA, utilizada para generar y editar videos, imágenes y gráficos en tiempo real.

- Dónde se usa: En navegadores web y plataformas de producción creativa.

24. Perplexity AI.

- Para qué sirve: Asistente conversacional que responde preguntas complejas utilizando múltiples fuentes, proporcionando explicaciones claras y detalladas.

- Dónde se usa: En navegadores web y aplicaciones móviles.

25. Notion AI.

- Para qué sirve: IA integrada en la plataforma Notion que ayuda a redactar, resumir y organizar contenido dentro de documentos colaborativos.

- Dónde se usa: En navegadores web y la aplicación de escritorio y móvil de Notion.

26. Tome AI.

- Para qué sirve: Generador de presentaciones automatizadas que, a partir de texto o ideas, crea diapositivas completas con contenido visual y textos optimizados.

- Dónde se usa: En navegadores web.

27. DeepL.

- Para qué sirve: Traductor impulsado por IA que ofrece traducciones más precisas y naturales en comparación con otros servicios de traducción automática.

- Dónde se usa: En navegadores web, escritorio (aplicación) y móviles.

28. Otter.ai.

- Para qué sirve: Herramienta que transcribe conversaciones y reuniones en tiempo real, muy utilizada en entornos de trabajo remoto para tomar notas automáticas.

- Dónde se usa: En navegadores web, aplicaciones móviles (iOS y Android), y plataformas de videoconferencias.

29. Poe (Quora)

- Para qué sirve: Plataforma que permite a los usuarios interactuar con diferentes IA conversacionales, como GPT-4, Claude y otros modelos, todo en un solo lugar.

- Dónde se usa: En navegadores web y aplicaciones móviles.

30. Forethought AI.

- Para qué sirve: IA diseñada para mejorar el servicio al cliente, proporcionando soluciones automatizadas y asistencia en tiempo real para consultas de soporte.

- Dónde se usa: En plataformas empresariales de atención al cliente y chats.

31. Aiva.

- Para qué sirve: Compositor de música basado en IA, capaz de crear piezas musicales para videojuegos, películas o proyectos creativos.
- Dónde se usa: En navegadores web y estudios de música.

32. Scribe AI.

- Para qué sirve: Herramienta que automatiza la creación de guías y tutoriales a partir de las acciones que realizas en tu computadora, convirtiéndolas en documentos explicativos.

- Dónde se usa: En navegadores web y aplicaciones de escritorio.

33. Character.AI.

- Para qué sirve: Plataforma que permite a los usuarios crear y conversar con personajes ficticios impulsados por IA, personalizables según las preferencias del usuario.

- Dónde se usa: En navegadores web y móviles (iOS y Android).

34. Genesys Cloud AI.

- Para qué sirve: Plataforma de IA utilizada para mejorar la experiencia del cliente en centros de contacto, optimizando respuestas y flujos de interacción.

- Dónde se usa: En empresas y centros de atención al cliente.

35. Movio AI.

- Para qué sirve: Genera videos con presentadores humanos virtuales a partir de guiones, ideal para la creación rápida de contenido corporativo, educativo o publicitario.

- Dónde se usa: En navegadores web y plataformas de producción de video.

36. Copy.ai.

- Para qué sirve: Herramienta de redacción automatizada que genera contenido de marketing, blogs, descripciones de productos y más, optimizado para SEO.

- Dónde se usa: En navegadores web y plataformas de marketing.

37. Soundraw.

- Para qué sirve: IA que permite a los usuarios crear música personalizada, generando pistas musicales según el estilo y duración deseados.

- Dónde se usa: En navegadores web.

38. GPT-Engineer.

- Para qué sirve: Una IA que ayuda a desarrollar proyectos de programación desde cero, generando código completo según la especificación del proyecto.
- Dónde se usa: En entornos de desarrollo y navegadores web.

39. Fotor AI.

- Para qué sirve: Herramienta de edición fotográfica que utiliza IA para mejorar imágenes automáticamente, ajustar parámetros y crear diseños gráficos de manera rápida.

- Dónde se usa: En navegadores web, móviles y escritorio.

Con esta lista, puedes ver cómo la IA se ha integrado en un gran número de áreas, desde la creación de contenido visual y musical hasta la asistencia en servicio al cliente o la programación de código. Estas herramientas están disponibles en diversas plataformas, como navegadores web, móviles, escritorio e incluso en ecosistemas empresariales, adaptándose a diferentes tipos de usuarios y necesidades.

Estas IAs, se encuentran en una amplia gama de dispositivos, móviles, ordenadores, automóviles... Cada una ha sido diseñada para satisfacer necesidades específicas, desde la asistencia personal hasta la creación de contenido, la educación o el análisis empresarial. A medida que estas tecnologías avanzan, su integración en nuestra vida diaria sigue creciendo, haciéndolas herramientas clave para nuestro día a día.

Parte II: Uso práctico de las IA conversacionales.

5. Cómo empezar con una IA conversacional.

Elegir la plataforma adecuada para tus necesidades.

Empezar con una IA conversacional puede parecer algo complejo al principio, especialmente si no estás familiarizado con el tema, pero en realidad es más accesible de lo que parece. El auge de la inteligencia artificial ha puesto a nuestra disposición una variedad de plataformas que nos permiten interactuar con máquinas de manera natural, como si estuviéramos hablando con otra persona. Estas IA conversacionales tienen múltiples aplicaciones: desde asistirte con tareas cotidianas hasta ayudarte a mejorar tu productividad, aprender cosas nuevas, o incluso crear contenido. Sin embargo, la clave para comenzar con éxito es entender tus necesidades y elegir la plataforma adecuada para ti. Aquí te explico cómo hacerlo.

Paso 1: Identificar tus necesidades.

Antes de lanzarte a probar cualquier IA conversacional, lo primero que debes preguntarte es: ¿para qué quiero usarla? Las plataformas de IA conversacional tienen diferentes enfoques y están diseñadas para cumplir con objetivos específicos. Por ejemplo:

- Productividad personal: Si buscas una herramienta que te ayude a organizar tu tiempo, recordarte citas, o realizar tareas cotidianas como enviar mensajes, un asistente virtual como Google Assistant o Siri podría ser lo que necesitas.

- Resolución de dudas o búsquedas de información: Si tu objetivo es obtener respuestas rápidas a preguntas complejas, o acceder a información en tiempo real, entonces una IA como ChatGPT o Google Gemini, podría ser la opción más adecuada.

- Creación de contenido: Si tu foco está en generar texto, imágenes o ideas creativas, plataformas como Jasper AI (para textos publicitarios o blogs) o DALL-E y Leonardo (para generar imágenes) pueden ser justo lo que buscas.

- Aprender o mejorar en un área específica: Si quieres aprender un idioma, resolver dudas matemáticas o mejorar habilidades, IAs como Socratic (para estudiantes) o Replika (si buscas mejorar tus habilidades sociales o emocionales) pueden ser opciones más dirigidas a tu propósito.

Tener claro para qué quieres usar la IA conversacional es fundamental, ya que te permitirá filtrar mejor las opciones y evitar perder tiempo en plataformas que no se ajusten a tus necesidades.

Paso 2: Probar las plataformas.

Vamos al quid de la cuestión. El siguiente paso es probarlas. La mayoría de las IA conversacionales tienen versiones gratuitas o modos de prueba, lo que te permite experimentar con sus funciones sin necesidad de gastar dinero. Aquí, te sugiero algunos pasos para probarlas de manera efectiva:

- Define un objetivo claro para la prueba: Por ejemplo, si tu intención es mejorar tu productividad, realiza tareas como organizar tu calendario, configurar recordatorios o enviar correos electrónicos a través de la IA. Si tu objetivo es generar contenido, pídele a la IA que redacte un artículo o cree imágenes según tus indicaciones.

- Evalúa la facilidad de uso: ¿Te sientes cómodo interactuando con la plataforma? ¿Responde de manera rápida y clara? La interfaz y la experiencia de usuario son factores clave a tener en cuenta.

- Prueba diferentes escenarios: No te limites a una sola tarea. Interactúa con la IA en diferentes situaciones para ver cómo se adapta a tus necesidades en distintos contextos. Esto te permitirá entender mejor sus capacidades y limitaciones.

Primeros pasos: Creación de cuentas y configuración básica.

Vamos a ver paso a paso, cómo descargar, instalar y comenzar a usar una inteligencia artificial conversacional, tanto en Android, iPhone, en el navegador web, y en otros dispositivos.

1. Cómo descargar e instalar una IA conversacional en Android

Paso 1: Conecta tu teléfono a Internet.

Asegúrate de que tu teléfono esté conectado a internet. Para esto:

- Abre la aplicación de "Configuración".
- Busca "Wi-Fi" o "Datos móviles".
- Asegúrate de que esté activada la conexión Wi-Fi o los datos móviles.

Paso 2: Abre la tienda de aplicaciones (Google Play Store)

- Busca en tu pantalla el ícono de la Google Play Store. Suele tener el logo de un triángulo de colores.

- Toca sobre ese ícono para abrir la tienda de aplicaciones.

Paso 3: Busca la IA conversacional.

- Dentro de la Google Play Store, verás una barra de búsqueda en la parte superior.

- Escribe en esa barra "IA conversacional" o el nombre de alguna IA específica, como ChatGPT.

Paso 4: Selecciona la aplicación y descárgala.

- Aparecerá una lista de aplicaciones. Busca la que hayas escrito en el buscador ("IA conversacional" o "ChatGPT") y toca sobre ella.

- Luego, toca el botón que dice "Instalar". Esto empezará a descargar la aplicación en tu teléfono.

Paso 5: Abre la aplicación.

- Una vez instalada, verás el botón Abrir. Tócalo para iniciar la aplicación de la IA.

Paso 6: Iniciar sesión o crear una cuenta.

Muchas IA te pedirán que crees una cuenta o inicies sesión. Puedes usar tu correo electrónico o, en algunos casos, iniciar sesión con tu cuenta de Google o Facebook.

Crear una cuenta en una IA conversacional puede variar dependiendo de la plataforma o servicio que estés utilizando, pero generalmente sigue un proceso similar al de crear una cuenta en otros servicios en línea.

- Una vez estás dentro de la aplicación, busca la opción de registro o creación de cuenta. La mayoría de las plataformas tienen una opción que dice "Registrarse" o "Crear cuenta". Esta opción suele estar en la página principal o en el menú de opciones.

- Introduce tu información básica: Completa el formulario de registro, que usualmente te pedirá:

  - Nombre de usuario.
  - Dirección de correo electrónico.
  - Contraseña segura.

- Verificación de correo electrónico (si aplica): Algunas plataformas enviarán un enlace de verificación a tu correo electrónico para confirmar que la cuenta es tuya. Ve a tu bandeja de entrada, encuentra el correo de verificación y haz clic en el enlace.

- Configura preferencias o personalización: Después de la verificación, algunas IA conversacionales te permiten configurar preferencias de conversación, notificaciones o temas de interés.

- Acepta los términos y condiciones: Es posible que debas aceptar los términos de uso y políticas de privacidad de la plataforma antes de comenzar a utilizar el servicio.

Algunas IA conversacionales también ofrecen planes gratuitos y planes de pago con funciones adicionales, por lo que podrías tener la opción de elegir el nivel de acceso que prefieras.

Paso 7. Comienza a usar la IA.

¡Listo! Ya puedes comenzar a hablar con la IA. Para hacerlo, sólo debes escribir en la barra de conversación que aparece en la pantalla (parecida a donde envías los mensajes en WhatsApp) y luego tocar el botón de "enviar".

¿En qué puedo ayudarte?

La IA responderá a lo que le preguntes o le digas como si fuera una persona a quien le has escrito.

2. Cómo descargar e instalar una IA conversacional en iPhone.

Paso 1: Conecta tu teléfono a Internet.

Antes de empezar, asegúrate de que tu iPhone esté conectado a Internet:

- Abre "Configuración".
- Toca "Wi-Fi" o "Datos móviles" y asegúrate de que esté activado.

Paso 2: Abre la App Store.

- Encuentra el ícono de la App Store en tu pantalla principal. Es un ícono azul con una "A" blanca en el centro.

- Toca el ícono para abrir la App Store.

Paso 3: Busca la IA conversacional.

- En la parte inferior de la pantalla verás una lupa que dice "Buscar". Toca ahí.

- En la barra de búsqueda que aparece en la parte superior, escribe "IA conversacional" o el nombre de una aplicación de IA, como ChatGPT.

Paso 4: Descarga la aplicación.

- Aparecerá una lista de aplicaciones. Toca la que sea una IA conversacional o la que elegiste, como ChatGPT.

- Luego, toca el botón que dice "Obtener". Si te pide una contraseña o Face ID (reconocimiento facial), deberás ingresarla para iniciar la descarga.

Paso 5: Abrir la aplicación.

- Cuando la descarga termine, toca el botón "Abrir" para iniciar la aplicación.

Paso 6: Crear una cuenta o iniciar sesión.

- Algunas IA te pedirán que inicies sesión o crees una cuenta. Usa tu correo electrónico, o puedes iniciar sesión con tu cuenta de Apple.

Paso 7: Comienza a usar la IA.

- Ya puedes empezar a hablar con la IA. Sólo tienes que escribir tu pregunta o mensaje en la caja de texto y tocar el botón de enviar.

3. Usar una IA conversacional desde el navegador.

Si no quieres descargar una aplicación, puedes usar una IA conversacional desde un navegador web, como Google Chrome o Safari. Los pasos son los siguientes:

Paso 1: Conecta tu dispositivo a Internet.

Asegúrate de estar conectado a una red Wi-Fi o tener datos móviles.

Paso 2: Abre el navegador.

- En tu dispositivo (ya sea teléfono, tablet o computadora), busca y abre el navegador de internet. Los más comunes son Google Chrome o Safari.

Paso 3: Busca la página de la IA.

- En la barra de búsqueda del navegador, escribe la dirección web de la IA que quieres usar. Un ejemplo común es "chat.openai.com" para usar ChatGPT.

Paso 4: Iniciar sesión o crear una cuenta.

- Al igual que con las aplicaciones, muchas IA te pedirán que te registres o inicies sesión con una cuenta de correo electrónico.

Paso 5: Comienza a usar la IA.

- Una vez dentro, sólo tienes que escribir tu mensaje o pregunta en el cuadro de texto que aparece y tocar en "enviar" para recibir una respuesta.

4. Usar una IA conversacional en otros dispositivos (Tablets, Computadoras, Smart TV)

En otros dispositivos, como tablets o algunos televisores inteligentes, los pasos para usar una IA son muy similares a los mencionados antes. Aquí te explicamos cómo hacerlo de forma general:

Tablets (iPad o Android).

- Android: Sigue los mismos pasos que para descargar una IA en un teléfono Android (con Google Play Store).

- iPad: Sigue los mismos pasos que para un iPhone (con la App Store).

Smart TV.

Algunos televisores inteligentes permiten abrir navegadores o descargar aplicaciones. Los pasos serían:

1. Conéctate a Internet: Usa la red Wi-Fi de tu casa.
2. Abre el Navegador: Si tu televisor tiene un navegador, ábrelo.
3. Busca la Página de la IA: Escribe la dirección web de la IA que quieras usar.
4. Comienza a usarla: Como con otros dispositivos, solo escribe tu mensaje.

Esta interacción es sólo para usar una IA conversacional dentro de una Smart TV. Para sacarle el máximo partido a la IA en tu hogar, puedes combinar dispositivos inteligentes entre sí. Un ejemplo de ello es Alexa, que puede encender o apagar aparatos con una frase. "Alexa, apaga la tele." "Alexa, enciende el robot aspirador."

Consejos para usar la IA conversacional por primera vez.

- Sé claro y directo: Cuando hables con la IA, intenta ser lo más claro posible en lo que preguntas o pides.

- Pide ayuda si no sabes qué hacer: Puedes escribir cosas como "¿Cómo te uso?" o "¿Qué puedes hacer?" para que la IA te explique más sobre sus funciones.

- No tengas miedo de equivocarte: La IA está hecha para ayudarte, y puedes hacerle preguntas sobre casi cualquier tema.

- Protégete en línea: No compartas información personal sensible (como contraseñas o números de tarjetas) con la IA, ya que es un programa de computadora, no una persona.

Elegir la plataforma adecuada.

Después de probar varias opciones, es hora de tomar una decisión. A la hora de elegir la plataforma adecuada, ten en cuenta los siguientes factores:

1. Compatibilidad: Asegúrate de que la IA que elijas funcione bien con los dispositivos que ya tienes. Por ejemplo, si usas mucho el ecosistema de Apple, probablemente Siri sea tu mejor opción.

2. Facilidad de integración: Piensa en cómo la IA conversacional se integrará con tu vida diaria o con tus flujos de trabajo. ¿Te ayuda a ser más eficiente o añade más pasos innecesarios?

3. Capacidad de respuesta: Algunas IA están mejor diseñadas para tareas específicas. Si necesitas generar contenido detallado, una plataforma como ChatGPT será más útil que un asistente virtual simple.

4. Escalabilidad: Piensa en si la plataforma puede crecer contigo. A medida que te familiarices más con la IA, es posible que quieras usarla para tareas más avanzadas. Algunas IAs son más flexibles y pueden evolucionar contigo, mientras que otras son más limitadas.

Aprender y crecer con la IA.

El uso de una IA conversacional no termina en el momento de elegir la plataforma. Al contrario, es sólo el comienzo. Como cualquier otra herramienta, mientras más la uses, mejor entenderás cómo aprovecharla al máximo. Aquí van algunas recomendaciones para seguir aprendiendo:

- Explora nuevas funciones: Muchas plataformas de IA conversacional reciben actualizaciones frecuentes con nuevas capacidades. Mantente al tanto de las novedades para aprovecharlas.

- Sé específico en tus solicitudes: A medida que te familiarizas con el funcionamiento de la IA, empieza a ser más preciso en tus peticiones. Esto mejorará la calidad de las respuestas o el contenido que te genere.

- Úsala para aprender: Las IAs pueden ser excelentes herramientas educativas. Úsalas para aprender nuevas habilidades, practicar un idioma o mejorar tu conocimiento en temas que te interesen.

En resumen; primero identifica lo que necesitas, luego investiga las plataformas disponibles, pruebas algunas opciones y finalmente, elige la que mejor se ajuste a tu situación. Una vez que hayas hecho tu elección, el verdadero valor vendrá de cómo logres integrar esa IA en tu vida diaria y aprovecharla para mejorar en tus tareas o proyectos. La clave está en experimentar, aprender y adaptarse.

5.3 ¿Qué es un prompt? Definición y estructura. Inputs, prompts y personalización.

Cuando hablamos de interactuar con la Inteligencia Artificial, nos referimos a cómo los humanos "hablan" con las máquinas para obtener respuestas o ejecutar tareas. Para que una IA funcione bien y nos dé resultados útiles, es esencial comprender cómo interactuar con ella de manera efectiva. Aquí es donde entran en juego tres conceptos clave: *inputs*, *prompts* y *personalización*. Veamos cada uno en detalle:

¿Qué es un input?

El término input se refiere, de manera sencilla, a cualquier información que le proporcionamos a un sistema para que pueda procesarla y darnos una salida, o "output". Cuando hablamos de Inteligencia Artificial, los inputs son las instrucciones o datos que el usuario le proporciona para que la IA pueda trabajar con ellos.

Por ejemplo, cuando usas un chatbot de IA (como ChatGPT), el input es el texto que escribes, es decir, las preguntas o indicaciones que le das. El input puede ser una instrucción clara, una pregunta directa, un conjunto de datos o incluso algo más complicado, como texto en lenguaje natural o imágenes (en sistemas que lo permitan).

En un sentido más técnico, el input no se limita al texto. En sistemas más avanzados de IA, como aquellos que trabajan con visión por computadora, el input podría ser una imagen que luego la IA analiza para identificar objetos, rostros o patrones. También puede ser audio en el caso de las IAs que procesan lenguaje hablado.

Ejemplo de input en un chatbot de IA:

Imagina que quieres saber la capital de Francia. El *input* sería:

"¿Cuál es la capital de Francia?"

La IA procesaría esa información, buscaría en su base de datos o usaría modelos entrenados para procesar la respuesta y te daría un output, que en este caso sería:

"La capital de Francia es París."

¿Qué es un prompt? Definición y estructura.

Un prompt es el tipo específico de input que se utiliza para "incitar" a la IA a realizar una tarea o generar una respuesta. En sistemas de IA que trabajan con lenguaje natural, como los chatbots o los generadores de texto, el prompt es esencialmente la manera en la que formulamos nuestras preguntas o instrucciones.

En términos simples, un prompt es una instrucción o pregunta que le das a un sistema de IA para que te responda o realice una tarea. Es el "punto de partida" de la conversación o interacción con la IA. Este puede ser tan simple como una pregunta directa o tan complejo como una descripción detallada de lo que deseas obtener.

En el contexto de la Inteligencia Artificial, especialmente cuando hablamos de modelos de lenguaje como los chatbots o los sistemas generativos de texto, el concepto de prompt juega un papel fundamental. Si estás interactuando con una IA, ya sea para obtener respuestas, generar contenido o realizar alguna tarea específica, el prompt es el motor que inicia esa interacción. Es la semilla que guía a la IA en la dirección correcta. Pero, ¿qué significa exactamente "prompt"? Vamos a desglosarlo en detalle.

El prompt actúa como un estímulo, algo que "empuja" al sistema a generar una respuesta basada en los datos con los que ha sido entrenado. Imagina el prompt como el detonante que le dice a la IA qué es lo que debe hacer o qué tipo de información estás buscando.

Ejemplo de un prompt sencillo:

"¿Cuál es la capital de Japón?"

Este es un prompt directo y claro, que incita a la IA a buscar y generar la respuesta correcta:

"La capital de Japón es Tokio."

Ejemplo de un prompt más complejo:

"Escribe una historia corta sobre un detective que resuelve un crimen en una ciudad futurista donde las emociones están prohibidas."

Aquí el prompt es más detallado y establece varias condiciones: el protagonista es un detective, hay un crimen, el escenario es futurista, y existe una prohibición sobre las emociones. La IA debe procesar esta información y generar una respuesta que cumpla con todos esos requisitos.

La estructura de un prompt.

La estructura de un prompt puede variar dependiendo del nivel de detalle que se quiera ofrecer a la IA y del tipo de respuesta que se espera. Un prompt puede ser desde una simple pregunta hasta una instrucción detallada que guíe la creación de un texto, una imagen o cualquier otra salida generada por la IA.

Veamos cómo se puede estructurar un buen prompt.

Elementos clave de un prompt:

1. Objetivo o intención clara:

El primer elemento es que el prompt debe dejar claro qué es lo que esperas de la IA. Si tu intención es obtener una respuesta factual, como una fecha o un nombre, entonces el prompt debe formularse como una pregunta específica. Si tu objetivo es que la IA genere una pieza creativa (como un cuento o un artículo), el prompt debe proporcionar las indicaciones necesarias para guiar ese proceso.

- Ejemplo de objetivo claro: "Dame una lista de los 10 países más grandes del mundo en términos de superficie."

2. Contexto suficiente:

Proporcionar contexto es fundamental para que la IA pueda comprender mejor lo que se le está pidiendo. El contexto puede ser información adicional sobre el tema que deseas explorar o detalles que ayuden a acotar el tipo de respuesta que esperas. Cuanto más específico seas en tu prompt, más precisa será la respuesta.

- Ejemplo de prompt con contexto: "Describe cómo sería un día típico en la vida de un astronauta en Marte en el año 2100, considerando la tecnología y el estilo de vida del futuro."

En este caso, estás proporcionando detalles clave (astronauta, Marte, año 2100, tecnología del futuro) que guían a la IA hacia una respuesta más rica y detallada.

3. Indicaciones sobre el formato:

En algunos casos, también puedes especificar el formato en el que deseas recibir la respuesta. ¿Quieres un párrafo descriptivo? ¿Una lista de puntos clave? ¿Un diálogo entre personajes? Incluir esta indicación en tu prompt puede mejorar mucho la calidad del resultado.

- Ejemplo de prompt con formato: "Hazme una lista con cinco consejos para ahorrar energía en el hogar."

Aquí, la IA entiende que debe proporcionarte una lista en lugar de un texto narrativo o explicativo.

4. Estilo o tono de la respuesta:

A veces, también es importante definir el tono o estilo en el que quieres que la IA te responda. Esto es especialmente útil si estás creando contenido como un artículo o un diálogo para una historia. ¿Quieres un tono formal o informal? ¿Quieres un estilo más correcto o con usos de vulgarismos?

Ejemplo: Supón que deseas que la IA te ayude a escribir una historia sobre un robot en el futuro. El prompt podría ser algo como:

"Escribe una historia corta sobre un robot que aprende a tener emociones en el año 2050."

La IA usaría este prompt como guía y produciría una historia que sigue esas indicaciones.

Características de un buen prompt.

1. Claridad: Los prompts deben ser lo más claros posible. Si el usuario da una instrucción ambigua, la IA podría no comprender lo que realmente quieres.

2. Contexto: Proporcionar contexto adicional en el prompt puede ayudar a que la IA sea más precisa. Si le das poca información, la salida podría no ser tan útil.

3. Precisión: Ser específico con lo que deseas de la IA mejora significativamente la calidad de la respuesta. Un prompt vago o confuso dará lugar a resultados impredecibles.

La forma en la que estructures un prompt afecta directamente al tipo de respuesta que obtienes. Si le das a la IA un prompt muy abierto, puedes obtener respuestas muy amplias. En cambio, si das una instrucción detallada, la IA será capaz de ofrecerte una respuesta más precisa y enfocada. La clave aquí es experimentar y ajustar tus prompts según lo que necesites.

Personalización: Haciendo que la IA se adapte a ti.

Uno de los aspectos más poderosos de la IA moderna es su capacidad de personalización. Dependiendo de la herramienta o plataforma de IA que estés usando, la personalización puede permitir que el sistema se adapte a tus necesidades y preferencias.

¿Qué significa personalizar una IA?

Personalizar una IA implica ajustar su comportamiento, sus respuestas o su enfoque en función de cómo prefieras interactuar con ella. Esto puede hacerse a diferentes niveles:

- Entrenamiento basado en tus inputs: En algunas herramientas de IA, los sistemas pueden aprender de tus interacciones. Por ejemplo, si continuamente haces preguntas relacionadas con ciencia o historia, la IA puede empezar a ofrecerte respuestas más especializadas en esos temas.

- Ajuste de estilo de respuestas: Algunas plataformas te permiten ajustar el tono y estilo de las respuestas. Por ejemplo, podrías preferir que las respuestas sean formales o, por el contrario, que sean más relajadas y coloquiales.

- Creación de preferencias temáticas: Algunas IA pueden recordar las áreas en las que estás más interesado. Imagina que usas la IA para temas específicos como programación, temas personales o hobbies. Estas preferencias pueden ser recordadas y usadas para mejorar futuras interacciones.

¿Cómo se puede personalizar la IA?

1. Usando ajustes de configuración: Muchas herramientas de IA tienen opciones en sus configuraciones que permiten ajustar parámetros básicos, como el tono de la respuesta o la cantidad de detalles que debe proporcionar.

2. A través de los inputs repetidos: Con el tiempo, algunas IAs aprenden de la repetición y la consistencia. Por ejemplo, si siempre haces preguntas relacionadas con recetas de cocina, la IA podría comenzar a sugerirte recetas más a menudo o a proporcionarte respuestas más detalladas en ese tema.

3. Usando datos personales: Algunas plataformas permiten la personalización a través de la integración de datos personales. Por ejemplo, un asistente virtual podría acceder a tu calendario o tus recordatorios para ofrecerte recomendaciones más útiles. Sin embargo, es importante estar atento a los aspectos de privacidad cuando se da acceso a este tipo de datos.

Ejemplo de personalización:

Supón que utilizas un asistente de IA en tu teléfono para ayudarte a organizar tu día. Puedes configurarlo para que te hable con un tono más relajado y que te dé resúmenes breves de tus tareas en lugar de largas explicaciones. A medida que lo uses, podría empezar a recordarte tus preferencias, como el tipo de música que sueles escuchar cuando te ejercitas

6. Cómo escribir prompts efectivos.

6.1 Mejores prácticas para redactar prompts claros y concisos.

Escribir prompts efectivos es una habilidad que, aunque puede parecer simple al principio, tiene un impacto directo en la calidad de las respuestas que te proporcionará la IA. Cuando la IA comprende bien lo que le estás pidiendo, puede darte una salida mucho más precisa y relevante. Veamos cómo redactar prompts que maximicen esta precisión.

1. Sé específico y claro con tu objetivo.

Un prompt efectivo debe dejar claro desde el principio lo que necesitas. Cuanto más específico seas, mejor será la capacidad de la IA para entender el propósito de tu pregunta o solicitud. Un prompt vago o ambiguo llevará a una respuesta que probablemente no sea lo que esperabas.

- Ejemplo de un prompt poco claro:

"Cuéntame sobre historia."

Este es un prompt demasiado amplio. La IA no sabrá si te refieres a la historia de una región, a un período de tiempo específico, o incluso a qué tipo de información necesitas (¿hechos clave, un resumen, una cronología?). La respuesta puede ser vaga y no ajustarse a lo que realmente deseas.

- Ejemplo de un prompt específico:

"Explícame en un párrafo breve los eventos más importantes de la Revolución Francesa."

En este caso, estás siendo muy claro: quieres un resumen breve sobre los eventos clave de un período histórico concreto. La IA tendrá suficiente información para ofrecerte una respuesta precisa y centrada.

2. Proporciona contexto si es necesario.

Un buen prompt no sólo debe ser claro, sino que también debe proporcionar suficiente contexto cuando sea necesario. Si tu pregunta es parte de un proceso más largo o de un tema más amplio, debes dar algo de contexto para que la IA no responda de manera aislada.

- Ejemplo sin contexto:

"Escríbeme una receta."

Si no das más información, la IA podría responder con cualquier tipo de receta, desde una ensalada hasta un postre. Esto puede llevarte a recibir una respuesta que no encaja con lo que estabas pensando.

- Ejemplo con contexto:

"Escríbeme una receta de un postre vegano que se pueda preparar en menos de 30 minutos."

Este prompt ofrece un contexto claro: quieres un postre, debe ser vegano, y tiene que ser rápido de preparar. La IA ahora puede ajustar la respuesta a tus necesidades específicas.

3. Usa un lenguaje sencillo y directo.

La simplicidad es clave. No es necesario usar un lenguaje demasiado técnico o complicado para formular un buen prompt. Un lenguaje claro y directo ayuda a la IA a procesar tu solicitud sin confusión.

- Ejemplo de prompt complejo:

"Proporciona una disquisición erudita acerca de los efectos socioculturales inherentes a la difusión de las tecnologías blockchain."

Este prompt usa un lenguaje demasiado formal y técnico, lo que podría hacer que la IA dé una respuesta igualmente complicada o fuera del alcance de un lector principiante.

- Ejemplo de prompt más sencillo:

"Explica de manera simple cómo la tecnología blockchain afecta a la sociedad."

Aquí estás utilizando un lenguaje más accesible, pero sigues manteniendo la claridad sobre el tema. La IA es más probable que te ofrezca una respuesta comprensible y enfocada.

4. Define el formato de la respuesta.

En muchos casos, puedes mejorar la efectividad del prompt si defines el formato en el que deseas que la IA responda. Esto es útil si esperas recibir una lista, una comparación, un resumen o cualquier otro tipo de estructura de información.

- Ejemplo sin formato especificado:

"¿Qué puedo hacer para ser más productivo?"

Este prompt puede generar una respuesta amplia, quizás en forma de párrafo o narrativa, que puede o no ser útil dependiendo de lo que estés buscando.

- Ejemplo con formato especificado:

"Dame una lista de cinco consejos rápidos para mejorar mi productividad diaria."

En este caso, has especificado que deseas una lista de consejos rápidos. Esto hará que la IA estructure la respuesta de manera más organizada y directa, lo que puede resultar más útil en ciertas situaciones.

5. Sé breve, pero no demasiado corto.

La concisión es importante, pero debes asegurarte de que el prompt incluya suficiente información para guiar a la IA. Prompts demasiado cortos o vagos suelen generar respuestas que no satisfacen tus necesidades.

- Ejemplo de un prompt demasiado corto:

"Habla sobre el espacio."

Este prompt es demasiado amplio y no da ninguna dirección clara. La IA puede generar cualquier cosa relacionada con el espacio, desde planetas hasta teorías científicas avanzadas, lo cual puede no ser lo que querías.

- Ejemplo de un prompt conciso pero informativo:

"Explícame en dos párrafos cómo se forman los agujeros negros en el espacio."

Este prompt es breve pero preciso, proporcionando toda la información necesaria para que la IA genere una respuesta adecuada al tema y formato que has pedido.

6. Utiliza preguntas abiertas cuando busques creatividad.

Las preguntas abiertas permiten a la IA generar respuestas más creativas o detalladas. Este tipo de prompts es ideal si quieres que la IA te ofrezca varias opciones, ideas o perspectivas. Sin embargo, no debes caer en la ambigüedad; es importante mantener una guía clara para no obtener respuestas demasiado amplias o irrelevantes.

- Ejemplo de una pregunta cerrada:

"¿Cuál es la capital de Italia?"

Esta es una pregunta cerrada que solo permite una respuesta específica: "Roma."

- Ejemplo de una pregunta abierta:

"Describe cómo sería un viaje por las ciudades más bellas de Italia."

Aquí, la IA puede ser más creativa, ya que has dejado espacio para que genere una descripción que incluya varias ciudades, características de cada una y posibles experiencias. Esto es ideal si estás buscando un texto más narrativo o imaginativo.

7. Evita la ambigüedad.

La ambigüedad es uno de los principales enemigos de un prompt efectivo. Si tu instrucción tiene más de una interpretación posible, la IA podría malinterpretar tu intención y ofrecerte una respuesta que no es útil. Asegúrate de que tu prompt no deje lugar a diferentes interpretaciones.

- Ejemplo de un prompt ambiguo:

"Cuéntame sobre la evolución."

Este prompt puede referirse a la evolución biológica, a la evolución de la tecnología, de las ideas, o incluso de una marca o producto. La IA podría elegir cualquiera de estos significados.

- Ejemplo de un prompt específico:

"Cuéntame sobre la evolución biológica de los mamíferos desde la era de los dinosaurios."

Aquí, el prompt ha eliminado cualquier ambigüedad, especificando que quieres información sobre la evolución biológica de los mamíferos y un marco temporal concreto.

8. Ajusta y experimenta con los prompts.

A veces, incluso si has seguido todas estas mejores prácticas, es posible que la primera respuesta de la IA no sea exactamente lo que buscabas. En estos casos, es útil experimentar con variaciones del prompt. Modifica algunas palabras, agrega detalles o reduce el alcance de la pregunta.

Es importante recordar que interactuar con una IA es, en muchos casos, un proceso iterativo. Ajustar los prompts te permitirá afinar las respuestas hasta obtener exactamente lo que necesitas.

Resumen de las mejores prácticas:

1. Especificidad y claridad: Asegúrate de que la IA entienda claramente lo que deseas.

2. Proporcionar contexto: Cuanta más información relevante ofrezcas, mejor será la respuesta.

3. Lenguaje simple y directo: Evita palabras complicadas o jergas innecesarias.

4. Definir el formato: Di claramente cómo quieres que se estructure la respuesta.

5. Concisión balanceada: Evita ser demasiado vago, pero tampoco te extiendas demasiado.

6. Usa preguntas abiertas con criterio: Cuando busques creatividad, deja espacio para respuestas variadas.

7. Evita ambigüedades: Haz que tu prompt sea claro y con un solo significado posible.

8. Itera y ajusta: Si no obtienes la respuesta adecuada, modifica el prompt y prueba de nuevo.

Con estas prácticas, estarás en camino de escribir prompts mucho más efectivos, que te permitirán aprovechar al máximo las capacidades de la IA y obtener resultados de alta calidad.

Ejemplos de prompts efectivos.

A continuación, vamos a ver algunos ejemplos de cómo formularlos correctamente, y los principios que los hacen funcionar:

1. Ejemplo:

- Ineficaz: "Cuéntame sobre la Revolución Francesa."

- Eficaz: "Explica las causas económicas y sociales que llevaron a la Revolución Francesa, centrándote en el papel de la burguesía y el impacto del déficit fiscal."

Este último prompt orienta hacia una explicación más profunda y concreta. Al aclarar qué aspecto quieres saber, reduces la posibilidad de recibir respuestas generales.

2. Ejemplo:

- Ineficaz: "Háblame del agua."

- Eficaz: "Explícame la importancia del agua en la agricultura, especialmente en regiones semiáridas."

Este segundo ejemplo asegura que la respuesta se enfoque en un ámbito particular (agricultura) y una condición relevante (semiáridas).

3. Ejemplo:

- Ineficaz: "¿Qué es la fotosíntesis?"

- Eficaz: "¿Cómo funciona la fotosíntesis y por qué es vital para el equilibrio ecológico del planeta?"

Las preguntas abiertas invitan a una explicación más profunda y detallada.

4. Ejemplo:

- Ineficaz: "Háblame del cambio climático."

- Eficaz: "¿Cuáles son los principales factores que contribuyen al cambio climático? ¿Cómo afectan estos factores a los patrones climáticos globales?"

Listado de ejemplos de prompts efectivos.

Productividad y Organización:

1. ¿Cómo puedo mejorar mi rutina matutina para ser más productivo?
2. Dame cinco consejos para administrar mejor mi tiempo en el trabajo.
3. ¿Cómo puedo priorizar mis tareas diarias de manera más eficiente?
4. ¿Qué estrategias puedo usar para reducir la procrastinación?
5. ¿Cuáles son los mejores hábitos para mantener un escritorio ordenado?
6. ¿Cómo puedo planificar mi semana de manera más efectiva?
7. ¿Qué herramientas digitales me recomiendas para gestionar proyectos?
8. ¿Cómo puedo optimizar el tiempo que paso en reuniones?
9. ¿Cuáles son las mejores técnicas para concentrarme durante largas jornadas de trabajo?
10. Dame ideas para organizar mi agenda semanal de forma más visual.

Desarrollo Personal:

11. ¿Qué libro debería leer si quiero mejorar mis habilidades de liderazgo?
12. ¿Cómo puedo desarrollar una mentalidad más positiva a lo largo del día?
13. ¿Qué ejercicios me recomiendas para mejorar mi inteligencia emocional?

14. ¿Cómo puedo empezar a construir hábitos más saludables?

15. ¿Qué podcast me recomiendas sobre crecimiento personal?

16. ¿Cuáles son los mejores consejos para aumentar la autoconfianza?

17. ¿Cómo puedo aprender a gestionar mejor el estrés?

18. Dame cinco maneras de practicar la gratitud cada día.

19. ¿Cómo puedo mejorar mi capacidad de tomar decisiones difíciles?

20. ¿Cuáles son los beneficios de meditar todos los días y cómo puedo empezar?

Gestión del Dinero y Finanzas:

21. ¿Cómo puedo empezar a ahorrar si tengo un presupuesto ajustado?

22. ¿Cuáles son las mejores aplicaciones para llevar un control de mis gastos diarios?

23. ¿Qué consejos me darías para empezar a invertir de manera segura?

24. ¿Cuáles son los errores más comunes que debo evitar al gestionar mis finanzas?

25. ¿Qué estrategias puedo usar para pagar mis deudas más rápido?

26. Dame cinco consejos para ahorrar dinero en mis compras diarias.

27. ¿Qué pasos debo seguir para construir un fondo de emergencia?

28. ¿Cómo puedo planificar mejor mi presupuesto mensual?

29. ¿Cuáles son las mejores formas de evitar gastos innecesarios?

30. ¿Cómo puedo organizar mis finanzas si soy freelance o autónomo?

Salud y Bienestar:

31. ¿Qué rutina de ejercicios puedo hacer en casa si tengo poco tiempo?
32. ¿Cuáles son los mejores alimentos para mantenerme con energía durante el día?
33. ¿Qué puedo hacer para mejorar la calidad de mi sueño?
34. Dame ideas para preparar comidas saludables y rápidas durante la semana.
35. ¿Cómo puedo comenzar a meditar si nunca lo he hecho antes?
36. ¿Qué hábitos puedo incorporar a mi día para mantenerme físicamente activo sin ir al gimnasio?
37. ¿Cuáles son los beneficios de hacer estiramientos diarios?
38. ¿Qué tipo de ejercicios puedo hacer para reducir el estrés en el trabajo?
39. Dame cinco tips para mejorar mi postura durante el trabajo en escritorio.
40. ¿Qué puedo hacer para mantener una mejor hidratación a lo largo del día?

Creatividad y Hobbies:

41. Dame ideas de hobbies que me ayuden a relajarme después del trabajo.
42. ¿Qué puedo hacer para aumentar mi creatividad en proyectos laborales?

43. ¿Cómo puedo mejorar mis habilidades de escritura creativa?

44. ¿Cuáles son los mejores ejercicios para desarrollar mi capacidad de dibujar?

45. Dame una lista de actividades que puedo hacer para desconectar de las pantallas.

46. ¿Qué técnicas puedo usar para superar un bloqueo creativo?

47. ¿Cómo puedo aprender a tocar un instrumento de manera autodidacta?

48. ¿Qué puedo hacer para desarrollar nuevas ideas para mis proyectos personales?

49. ¿Cómo puedo incorporar la fotografía a mi vida como un hobby relajante?

50. Dame recomendaciones de apps para practicar idiomas de manera divertida.

6.2 Técnicas avanzadas: Instrucciones condicionales y manipulación del contexto.

Las técnicas avanzadas en el uso de prompts van más allá de simplemente hacer preguntas claras y específicas. Cuando empiezas a dominar las instrucciones condicionales y la manipulación del contexto, puedes obtener respuestas mucho más detalladas y adaptadas a tus necesidades. Estas estrategias son útiles tanto para mejorar la calidad de la interacción con una IA como para obtener resultados más complejos y sofisticados.

Instrucciones Condicionales.

Las instrucciones condicionales son aquellas que incluyen condiciones específicas o alternativas dentro del mismo prompt. Se estructuran de tal manera que la respuesta se ajuste dependiendo de ciertos factores o escenarios que tú mismo defines. Este tipo de prompts permite explorar distintas rutas o respuestas, asegurando que obtienes información relevante independientemente del caso.

Ejemplo básico de una instrucción condicional:

- Instrucción simple: "Explícame qué es el cambio climático."

- Instrucción condicional: "Explícame qué es el cambio climático, y si ya sabes lo básico, profundiza en los efectos sobre los patrones meteorológicos globales."

Por qué es más avanzado: Este segundo prompt le indica al sistema que no te dé una respuesta simple si ya tienes un conocimiento previo del tema. Estás añadiendo una capa de condicionamiento a la respuesta, pidiendo un ajuste automático dependiendo de lo que la IA "entienda" sobre tu nivel de conocimiento.

Otro ejemplo más específico:

- Instrucción simple: "Dame ideas de ejercicios en casa."

- Instrucción condicional: "Dame ideas de ejercicios en casa para principiantes, pero si ya hago ejercicio regularmente, dame opciones más desafiantes."

En este caso, estás solicitando información para dos niveles distintos de experiencia. Esto asegura que recibas una respuesta útil tanto si eres principiante como si ya tienes una rutina establecida. Este tipo de estructura permite que el sistema te ofrezca información personalizada dependiendo de la condición que plantees.

Ventajas de las instrucciones condicionales.

- Respuestas más dinámicas y ajustadas a tu perfil: Si bien las IA no son conscientes en el sentido tradicional, puedes "guiarlas" para que adapten sus respuestas según la situación.

- Ahorras tiempo: En lugar de hacer múltiples preguntas para distintos escenarios, puedes integrarlos en un solo prompt.

- Exploración más profunda: Te permite explorar diferentes capas de un tema sin tener que volver a preguntar por más detalles.

Manipulación del contexto.

La manipulación del contexto se refiere a cómo puedes estructurar los prompts para obtener respuestas más profundas o complejas basándote en la información ya proporcionada o en un contexto previo. Aquí es importante cómo construyes la narrativa y cómo haces uso de la información previa para que la IA continúe desarrollando una idea o tema, sin tener que repetir cosas que ya se han mencionado.

Ejemplo básico de manipulación del contexto:

- Instrucción simple: "Explícame cómo funciona un motor de combustión interna."

- Manipulación del contexto: "Teniendo en cuenta la explicación anterior sobre los motores de combustión interna, ¿cómo crees que la transición hacia los motores eléctricos impactará en la industria automotriz?"

Por qué es más avanzado: Aquí estás referenciando un contexto previo (la explicación sobre motores de combustión interna), y le pides a la IA que lo utilice para generar una respuesta relacionada, pero más específica. Esto evita que te dé información redundante y garantiza que la respuesta esté enfocada en lo que realmente quieres saber.

Aplicación en temas complejos.

En temas más complejos, como investigaciones, análisis o debates, la manipulación del contexto te permite profundizar capa por capa, sin perder el hilo de la conversación.

- Ejemplo: "Ahora que hemos hablado sobre los efectos del cambio climático en los patrones meteorológicos, ¿podrías explicar cómo afectará esto a la agricultura en regiones específicas como África subsahariana?"

- ¿Por qué es útil?: Con este enfoque, puedes hacer que la IA conecte diferentes áreas de conocimiento y te dé una respuesta contextualizada que sea mucho más rica y detallada. En lugar de una respuesta genérica sobre agricultura o cambio climático, la IA se ajusta al contexto específico de tu conversación.

Conectando múltiples ideas.

La manipulación del contexto no sólo se limita a mantener un flujo coherente dentro de un tema; también te permite hacer conexiones entre ideas que normalmente no estarían ligadas.

- Ejemplo: "Hablamos de la importancia de la inteligencia emocional en el liderazgo empresarial. ¿Crees que las mismas habilidades son aplicables en la resolución de conflictos en la diplomacia internacional? Si no, ¿cuáles serían las diferencias clave?"

Aquí, estás tomando el contexto de un tema (liderazgo empresarial) y lo estás conectando con un campo completamente distinto (diplomacia). Esto obliga a la IA a hacer un análisis más profundo y creativo, lo que puede generar respuestas más interesantes y menos obvias.

Combinando condiciones y contexto.

Una vez que dominas las instrucciones condicionales y la manipulación del contexto, puedes empezar a combinarlas para obtener resultados aún más detallados y ajustados a lo que necesitas. Esta es una de las técnicas más poderosas cuando trabajas con prompts avanzados.

- Ejemplo combinado: "Ya sé los conceptos básicos sobre la inteligencia artificial. Si no me los repites, profundiza en cómo la IA se está utilizando para personalizar experiencias de aprendizaje en la educación. Y si ya me has hablado sobre eso, explora los desafíos éticos que esto puede representar en países en desarrollo."

- ¿Por qué es poderoso?: Aquí estás usando varias condiciones ("si ya sé los conceptos básicos" y "si ya me has hablado de eso") junto con la manipulación del contexto (no repitas lo que ya me has explicado). Esto permite obtener una respuesta que va exactamente a lo que necesitas saber sin perder tiempo en información redundante o superficial.

Beneficios de usar estas técnicas.

1. Ahorro de tiempo: No necesitas hacer múltiples preguntas para diferentes escenarios, ya que las instrucciones condicionales cubren varias posibilidades en un solo prompt.

2. Profundización del conocimiento: La manipulación del contexto te permite ir mucho más allá de respuestas simples o básicas, ayudando a la IA a construir sobre lo que ya ha proporcionado.

3. Obtención de respuestas personalizadas: Las respuestas se ajustan a tu nivel de conocimiento y necesidades, haciéndolas más útiles y relevantes.

4. Exploración creativa: Estas técnicas te permiten realizar conexiones entre temas o conceptos que inicialmente no

parecían estar relacionados, generando ideas nuevas y originales.

Cómo comenzar a aplicar estas técnicas.

Para empezar a aplicar instrucciones condicionales y manipulación del contexto de manera efectiva, sigue estos pasos:

1. Identifica qué información necesitas exactamente. Pregúntate si ya tienes un nivel de conocimiento sobre el tema o si requieres una respuesta básica. Esto te ayudará a estructurar tus condiciones.

2. Define el contexto claramente. Antes de hacer una pregunta nueva, recuerda qué se ha discutido antes. Así, puedes construir tu siguiente pregunta a partir de lo ya mencionado.

3. Usa condicionales simples al principio. Por ejemplo, "Si ya me has explicado X, explora Y", hasta que te sientas más cómodo agregando más complejidad a las condiciones.

Estas técnicas avanzadas te permitirán maximizar el valor de las respuestas que obtienes y adaptarlas a tus necesidades diarias de una manera mucho más eficaz.

7. Personalización y ajustes avanzados.

7.1 Ajuste de tono y estilo de respuesta.

El primer paso para ajustar el tono y estilo es entender a quién va dirigida la IA y para qué propósito. ¿Está diseñada para responder preguntas técnicas en un entorno corporativo o para brindar asistencia a clientes en una plataforma de entretenimiento? El tono puede variar desde profesional y formal, hasta casual y amigable, dependiendo del tipo de audiencia y del entorno.

- Profesional y formal: Adecuado para entornos corporativos, legales o técnicos. Se centra en la precisión, el uso de un lenguaje claro y sin adornos, y la estructura de las respuestas es más organizada.

- Informal y amigable: Utilizado en aplicaciones de entretenimiento, plataformas sociales o servicios de atención al cliente que buscan una experiencia más cercana. Aquí se puede incluir humor, frases coloquiales y un enfoque más relajado.

El contexto de la conversación.

El contexto también juega un papel vital en la selección del tono. La IA debe tener la capacidad de ajustar su tono dependiendo de la naturaleza de la conversación. Por ejemplo, en un contexto de servicio al cliente donde el usuario está frustrado, es importante que la IA adopte un tono empático y calmado. En contraste, en una conversación trivial o con fines de entretenimiento, puede permitirse ser más alegre o desenfadada.

- Empático: Se utiliza para situaciones delicadas, cuando el usuario está experimentando frustración o estrés. Aquí es esencial que la IA utilice un tono comprensivo, que demuestre que "escucha" y entiende el problema.

- Motivacional: Ideal para situaciones donde el usuario busca guía o aliento, como en aplicaciones de bienestar o educación. La IA debe usar frases que inspiren y animen, sin sonar autoritaria o crítica.

El ajuste del tono no sólo depende de las palabras que usa la IA, sino también de la forma en que las usa. El uso de lenguaje natural hace que las respuestas sean más comprensibles y humanas. Es importante evitar tecnicismos innecesarios o respuestas mecánicas, a menos que la situación lo demande (por ejemplo, en entornos de soporte técnico avanzado).

- Personalización: Una IA puede personalizar el tono y el estilo al recoger información sobre el usuario, como su nombre, historial de interacciones o preferencias. Esta personalización refuerza la cercanía y ayuda a que el tono sea más acertado y relevante.

- Eliminación de respuestas robóticas: Las respuestas prefabricadas o rígidas pueden alienar al usuario. Es esencial que la IA aprenda a variar la estructura de las oraciones, los sinónimos y las expresiones.

Capacidad de adaptación al estado emocional del usuario.

Una IA avanzada puede analizar señales emocionales dentro de los mensajes del usuario para ajustar el tono de sus respuestas. Esta habilidad de adaptar el tono según el estado de ánimo del interlocutor mejora notablemente la experiencia del usuario. Si un cliente está irritado, la IA debe suavizar su tono para calmar la situación. Si el usuario está haciendo preguntas informales, puede responder con más flexibilidad y humor.

- Detección de emociones: Las IA pueden utilizar algoritmos de procesamiento de lenguaje natural para detectar emociones como frustración, alegría o confusión, y ajustar sus respuestas en consecuencia.

- Respuestas progresivas: Si una conversación se vuelve más técnica, la IA puede empezar a usar un lenguaje más formal, o si nota que el usuario está satisfecho y relajado, puede mantener un tono más desenfadado.

El tono y estilo también pueden variar según el contexto cultural del usuario. Lo que puede ser considerado un tono apropiado en una región o cultura puede no serlo en otra. Una IA diseñada para operar en múltiples países o entre usuarios de diferentes orígenes debe tener la capacidad de ajustar su tono para ser culturalmente relevante.

Por esta razón, es importante, que además de traducir a otro idioma, se deban adaptar las expresiones idiomáticas y el estilo para que la IA se sienta más cercana y natural en cada contexto cultural.

- Ejemplos culturales: En algunos países, el uso de humor o sarcasmo puede ser bien recibido, mientras que en otros puede ser visto como inapropiado o irrespetuoso.

En contextos donde se manejan temas sensibles, como consultas médicas o cuestiones legales, el tono de la IA debe ser neutral, objetivo y cuidadoso. Es importante evitar emitir juicios o usar un lenguaje que pueda ser malinterpretado o que exacerbe el problema del usuario. La prioridad es ser claro y empático sin parecer insensible o frío.

Ajustar el tono y estilo de respuesta en las IA conversacionales es fundamental para crear interacciones eficientes. El uso de lenguaje natural, la empatía, la personalización y la capacidad de adaptación son pilares básicos para lograr una experiencia conversacional fluida y significativa.

Manejo de la longitud y profundidad de las respuestas.

Este aspecto es fundamental en las interacciones de las IA conversacionales, ya que un equilibrio adecuado entre la cantidad de información y su nivel de detalle puede mejorar o perjudicar la experiencia del usuario. Respuestas demasiado largas pueden resultar abrumadoras o aburridas, mientras que respuestas demasiado breves pueden no proporcionar la información necesaria. Adaptar la longitud y profundidad de las respuestas a las necesidades y expectativas del usuario es, por tanto, esencial.

Las conversaciones deben ajustarse de manera flexible según el tipo de interacción, el contexto, y el perfil del usuario para generar respuestas que sean útiles, concisas o detalladas según lo requiera la situación. El desafío está en encontrar el balance adecuado para que la información sea precisa, pero sin saturar al usuario o dejar preguntas sin resolver.

Veamos algunas de las consideraciones clave para gestionar la longitud y profundidad en las respuestas de una IA:

1. Comprender el contexto de la pregunta.

El primer paso para ajustar la longitud de una respuesta es entender el contexto de la pregunta o solicitud del usuario. Algunas consultas requieren respuestas breves y rápidas, mientras que otras necesitan una explicación más extensa. La IA debe ser capaz de discernir entre preguntas simples y complejas, adaptando su respuesta en consecuencia.

- Preguntas simples o cerradas: Consultas que pueden responderse con una afirmación, negación o dato puntual. Aquí, la IA debe proporcionar respuestas breves y concisas.

Ejemplo:

  - Usuario: "¿Cuál es la hora actual?"
  - IA: "Son las 10:30 AM."

- Preguntas complejas o abiertas: Cuando el usuario busca una explicación detallada, la IA debe generar una respuesta más profunda y estructurada.

Ejemplo:

- Usuario: "¿Cómo funciona el sistema inmunológico?"
- IA: "El sistema inmunológico está compuesto por células y proteínas que defienden al cuerpo de infecciones. Se activa cuando detecta la presencia de patógenos como bacterias o virus, iniciando una serie de respuestas para neutralizar la amenaza."

2. Adaptarse al perfil del usuario.

El tipo de usuario que interactúa con la IA también influye en la longitud y profundidad de las respuestas. Un usuario novato o que busca orientación básica puede necesitar una explicación más detallada, mientras que un usuario avanzado, que ya tiene experiencia o conocimiento del tema, preferirá respuestas más breves y directas.

- Usuarios principiantes: Necesitan más contexto, aclaraciones y explicaciones sencillas. La IA debe proporcionar detalles adicionales y, si es necesario, desglosar información compleja en fragmentos comprensibles.

- Usuarios avanzados: Estos usuarios buscan precisión y rapidez. En lugar de largas explicaciones, prefieren respuestas concretas, con información técnica o enlaces a recursos adicionales si desean profundizar más.

3. Progresión escalonada en la información.

Una buena práctica para manejar la profundidad de las respuestas es ofrecer información de manera escalonada. En lugar de proporcionar una respuesta extensa de inmediato, la IA puede empezar con una respuesta concisa y luego ofrecer más detalles si el usuario lo solicita. Esto permite que la interacción sea más fluida y controlada por el usuario.

- Respuesta básica inicial: Proveer una respuesta breve que aborde la pregunta de forma directa.

- Ampliación opcional: Si el usuario quiere más información, la IA puede ofrecer detalles adicionales.

Ejemplo:

  - Usuario: "¿Qué es una VPN?"
  - IA: "Una VPN es una red privada virtual que protege tu conexión a internet."

  - Usuario: "¿Puedes explicarlo más?"
  - IA: "¡Por Supuesto! Una VPN cifra tu tráfico de internet, asegurando que nadie pueda interceptarlo o rastrear tus actividades en línea. También te permite acceder a contenido que está restringido en tu ubicación."

Esta técnica no sólo mejora la experiencia del usuario, sino que también reduce la sobrecarga de información.

4. Manejo del formato y estructura.

Cuando la profundidad es necesaria, es esencial que la IA estructure su respuesta de manera clara y legible. Las respuestas extensas deben dividirse en párrafos o listas para evitar que parezcan abrumadoras. Esto es especialmente importante en contextos donde se requiere una explicación detallada o pasos a seguir.

- Listas o numeraciones: Ideal para desglosar procedimientos o pasos complejos.

Ejemplo:

  - Usuario: "¿Cómo configuro una red Wi-Fi?"
  - *A: "Para configurar una red Wi-Fi, sigue estos pasos:
    1. Conecta el router a tu módem.
    2. Enciende el router y espera a que las luces de conexión estén estables.
    3. Abre el navegador en tu computadora y accede a la configuración del router ingresando la dirección IP.
    4. Sigue las instrucciones para establecer el nombre y la contraseña de la red."

- Párrafos cortos: Para explicaciones narrativas o técnicas más largas, dividir la información en fragmentos fáciles de digerir mejora la comprensión y retención del usuario.

5. Equilibrar la longitud en respuestas en tiempo real.

En casos donde la IA interactúa en tiempo real, como en chats de soporte o asistentes virtuales, es importante que las respuestas sean lo suficientemente breves para mantener el ritmo de la conversación, pero lo suficientemente informativas para evitar múltiples consultas posteriores. Aquí, el equilibrio es clave para mantener la fluidez de la interacción.

- Optimización para chat: Las respuestas deben ser más breves que en otros formatos, pero aún así deben proporcionar suficiente información para resolver la consulta en el menor número de interacciones posibles.

- Enlaces a información adicional: Si la consulta requiere más profundidad que lo que el formato de chat permite, la IA puede ofrecer enlaces o sugerir recursos adicionales que el usuario pueda consultar sin interrumpir la conversación.

6. Evaluar el nivel de urgencia.

El nivel de urgencia en la consulta también determina la longitud y profundidad de las respuestas. En situaciones donde el tiempo es crítico (como emergencias técnicas o médicas), la IA debe priorizar respuestas cortas y claras, mientras que en situaciones no urgentes, puede tomarse más libertad para elaborar.

- Alta urgencia: Priorizar instrucciones simples y directas.

Ejemplo:

  - Usuario: "¡Mi sitio web está caído! ¿Qué puedo hacer?"
  - IA: "Reinicia el servidor, verifica la conexión a internet y comprueba si hay actualizaciones pendientes."

- Baja urgencia: En situaciones donde el usuario no tiene prisa o cuando busca información general, la IA puede dar respuestas más elaboradas que expliquen en detalle los pasos a seguir o el contexto de la consulta.

Ejemplo:

- Usuario: "¿Cómo optimizo el SEO de mi sitio web?"
- IA: "Para optimizar el SEO de tu sitio web, asegúrate de:
  1. Usar palabras clave relevantes en el contenido.
  2. Mejorar la velocidad de carga de la página.
  3. Optimizar las etiquetas meta y descripciones.
  4. Asegurarte de que tu sitio sea compatible con dispositivos móviles.
  5. Crear contenido de calidad que sea útil para tus visitantes.
  Si quieres una guía más detallada sobre cada paso, puedo proporcionarla."

Este enfoque permite que el usuario gestione el nivel de profundidad que necesita, dependiendo de la situación.

7. Control del usuario sobre la profundidad de la respuesta.

En muchos casos, es útil permitir que el usuario tenga control sobre la longitud y profundidad de las respuestas. Algunas plataformas de IA conversacional permiten que los usuarios indiquen si desean más detalles o una versión más resumida de la respuesta.

- Respuestas personalizables: La IA puede dar una respuesta breve y luego preguntar si el usuario desea más información.

Ejemplo:

- IA: "La definición básica es esta. ¿Te gustaría saber más sobre el tema?"

- Comandos directos: Algunos sistemas permiten a los usuarios controlar la longitud de la respuesta utilizando comandos específicos, como "dame más detalles" o "resumir".

8. Iteración y aprendizaje continuo.

Las IAs conversacionales pueden mejorar con el tiempo ajustando la longitud y profundidad de sus respuestas en función del feedback y el comportamiento de los usuarios. Si los usuarios suelen pedir más detalles después de recibir respuestas breves, el sistema puede aprender a ofrecer más profundidad desde el inicio para casos similares en el futuro. Igualmente, si los usuarios abandonan las conversaciones o muestran señales de insatisfacción tras respuestas demasiado largas, la IA puede reducir la cantidad de información presentada en casos similares.

- Monitoreo del comportamiento del usuario: Evaluar si los usuarios piden constantemente más información o si se sienten satisfechos con respuestas breves.

- Uso de algoritmos de aprendizaje: Implementar modelos de aprendizaje automático para ajustar automáticamente la longitud de las respuestas con base en el análisis de las interacciones pasadas.

El manejo de la longitud y profundidad de las respuestas es crucial para garantizar interacciones efectivas con los usuarios de una IA conversacional. Al adaptar las respuestas según el contexto, el perfil del usuario, el nivel de urgencia y la complejidad de la pregunta, la IA puede proporcionar información que sea útil y precisa sin resultar abrumadora. Además, permitir que los usuarios controlen la cantidad de información que reciben y ajustar las respuestas a medida que la IA aprende de sus interacciones mejora la experiencia y la efectividad general del sistema.

Parte III: IA conversacional en la práctica

8. Aplicaciones en el Mundo Empresarial.

8.1 Uso de IA conversacional en ventas y marketing.

La capacidad de la IA para interactuar de manera personalizada con los consumidores, a cualquier hora y en múltiples plataformas, ha llevado a las empresas a adoptar estas tecnologías como una pieza fundamental en sus estrategias comerciales.

1. Mejora de la atención al cliente en tiempo real.

En ventas y marketing, la capacidad de responder de manera rápida y eficiente a los clientes es clave para generar confianza y mantener el interés. Los chatbots basados en IA permiten una atención al cliente "24/7", ofreciendo respuestas inmediatas a preguntas comunes como precios, disponibilidad de productos o detalles de envío. Esta rapidez no solo mejora la satisfacción del cliente, sino que también reduce la pérdida de oportunidades de venta que podrían haberse desvanecido por falta de interacción oportuna.

2. Personalización a gran escala.

La IA conversacional permite la personalización masiva. Gracias al análisis de grandes volúmenes de datos de los clientes, los chatbots pueden adaptar sus interacciones basándose en el historial de compras, las preferencias de navegación o los comportamientos de los usuarios. Por ejemplo, un chatbot puede recomendar productos específicos basándose en compras anteriores o guiar al usuario a través del embudo de ventas con sugerencias personalizadas. Esta personalización crea una experiencia más atractiva y relevante para el cliente, lo que aumenta las probabilidades de conversión.

3. Automatización del proceso de ventas.

La IA conversacional también puede automatizar gran parte del proceso de ventas, desde la generación de leads hasta el cierre de la venta. Por ejemplo, un chatbot puede actuar como el primer punto de contacto, calificando a los clientes potenciales mediante preguntas específicas y luego, si es necesario, derivándolos a un representante humano. Al automatizar estas tareas repetitivas, los equipos de ventas pueden concentrarse en leads de mayor valor, optimizando el uso de su tiempo.

4. Marketing conversacional y generación de leads.

En el marketing, la IA conversacional juega un papel crucial en la generación de leads. Los chatbots pueden interactuar con visitantes en sitios web, redes sociales o aplicaciones móviles, capturando datos valiosos sobre sus intereses y preferencias. Estos asistentes virtuales pueden ofrecer descuentos, promociones personalizadas o detalles sobre productos, incentivando al cliente a compartir información de contacto o a suscribirse a boletines. Al automatizar estas interacciones iniciales, las marcas pueden aumentar sus bases de datos de clientes potenciales de manera rápida y efectiva.

5. Optimización de campañas de marketing.

Los chatbots pueden recopilar información sobre el comportamiento y las preferencias del usuario en tiempo real, lo que permite ajustar las campañas de manera dinámica. Por ejemplo, si un cliente interactúa frecuentemente con un chatbot preguntando por un producto específico, el sistema puede sugerir enviarle un correo electrónico personalizado o una oferta dirigida. Esto maximiza la efectividad de las campañas, asegurando que los mensajes lleguen al público adecuado en el momento perfecto.

6. Mejora del servicio postventa y fidelización.

No sólo se trata de cerrar ventas, sino de mantener la relación con el cliente. La IA conversacional también juega un papel importante en el servicio postventa, ayudando a los clientes con devoluciones, seguimiento de envíos o resolución de problemas de manera eficiente. Un servicio postventa rápido y fluido es clave para fidelizar al cliente, y los chatbots permiten mantener una atención constante y personalizada incluso después de la compra.

7. Análisis predictivo para aumentar ventas.

Mediante la recopilación y análisis de datos en tiempo real, la IA conversacional puede ofrecer predicciones sobre las necesidades y comportamientos futuros de los clientes. Esta capacidad predictiva ayuda a las empresas a ajustar su inventario, lanzar campañas dirigidas o realizar ofertas especiales antes de que el cliente exprese abiertamente una necesidad. Por ejemplo, si un chatbot detecta que un cliente ha estado buscando repetidamente productos relacionados con viajes, puede sugerir paquetes o promociones relacionados antes de que el cliente decida comprar en otro sitio.

El uso de IA conversacional en ventas y marketing ha permitido a las empresas interactuar de manera más eficiente, personalizada y escalable con sus clientes. Ya sea mediante la atención en tiempo real, la generación de leads o la optimización de campañas, estas tecnologías están transformando la forma en que las marcas se comunican y venden. La clave del éxito radica en combinar la automatización que ofrece la IA con un enfoque estratégico que mantenga al cliente en el centro de la experiencia, logrando así mejores resultados tanto en términos de ventas como de fidelización.

8.2. Mejora de la productividad interna con asistentes virtuales.

Los asistentes virtuales, están revolucionando la manera en que las empresas gestionan sus procesos internos. Lejos de ser una simple herramienta de atención al cliente, estas soluciones están siendo adoptadas por empresas para optimizar tareas internas, mejorar la eficiencia y liberar tiempo a los empleados para enfocarse en actividades estratégicas. A continuación, explicamos cómo los asistentes virtuales están contribuyendo a mejorar la productividad en las organizaciones.

Automatización de tareas repetitivas.

Uno de los beneficios más destacados de los asistentes virtuales es la capacidad de automatizar tareas repetitivas y administrativas. Actividades como la programación de reuniones, la gestión de calendarios, el envío de correos electrónicos y el manejo de solicitudes internas (como permisos o solicitudes de vacaciones) pueden ser delegadas a estos sistemas. Al automatizar estas tareas, los empleados pueden enfocarse en actividades de mayor valor, como la toma de decisiones o la innovación, reduciendo el tiempo perdido en gestiones rutinarias.

Acceso rápido a la información.

Los asistentes virtuales pueden funcionar como verdaderos centros de información dentro de la empresa. Al estar integrados con bases de datos internas y sistemas de gestión de documentos, los empleados pueden solicitar información rápidamente, ya sea sobre políticas de la empresa, datos financieros o estadísticas de ventas. Esto reduce significativamente el tiempo de búsqueda de información y facilita la toma de decisiones más rápida y eficiente. En lugar de navegar por varios sistemas o documentos, el asistente virtual proporciona la información precisa en cuestión de segundos.

Soporte en la toma de decisiones.

Gracias a su capacidad para procesar grandes volúmenes de datos, los asistentes virtuales pueden ayudar en la toma de decisiones informadas. Por ejemplo, pueden generar reportes automatizados sobre el rendimiento de proyectos, sugerir mejoras en procesos internos basándose en patrones históricos o incluso predecir resultados futuros mediante el análisis predictivo. Esta capacidad de ofrecer recomendaciones en tiempo real ayuda a los gerentes y equipos a tomar decisiones estratégicas de manera más ágil y con información más precisa.

Optimización de la comunicación interna.

En muchas organizaciones, la comunicación interna puede ser un desafío, especialmente en empresas grandes o con equipos distribuidos geográficamente. Los asistentes virtuales pueden actuar como intermediarios para mejorar esta comunicación. Pueden enviar recordatorios automáticos sobre reuniones o tareas pendientes, facilitar la colaboración entre equipos enviando actualizaciones importantes o respondiendo preguntas sobre procedimientos internos. Esto asegura que los empleados estén siempre informados y alineados, reduciendo malentendidos y mejorando la coordinación.

Mejora en la gestión de proyectos.

Los asistentes virtuales también están facilitando la gestión de proyectos al ayudar con la organización de tareas, la asignación de recursos y el seguimiento del progreso. Estos sistemas pueden enviar recordatorios automáticos de fechas límite, actualizar el estado de un proyecto en tiempo real e incluso asignar tareas a los miembros del equipo según su carga de trabajo o experiencia. Esta automatización ayuda a que los proyectos avancen de manera más fluida y sin retrasos, mejorando la eficiencia general.

Capacitación de empleados.

La IA también está mejorando la capacitación interna mediante asistentes virtuales que guían a los empleados en su proceso de formación. Estos asistentes pueden responder preguntas frecuentes sobre herramientas y procedimientos, recomendar recursos de aprendizaje o personalizar los itinerarios de capacitación según las habilidades y necesidades del empleado. Esto permite una capacitación continua y a demanda, lo que es especialmente útil en empresas con altos niveles de rotación o en aquellas que adoptan nuevas tecnologías y procesos constantemente.

Reducción de cargas administrativas para los departamentos de recursos humanos.

Los asistentes virtuales también están transformando los departamentos de Recursos Humanos al automatizar procesos clave como el reclutamiento, la evaluación de desempeño y la gestión de beneficios. Por ejemplo, los asistentes virtuales pueden filtrar currículums, programar entrevistas, responder preguntas de los empleados sobre beneficios o políticas internas, y gestionar solicitudes de permisos o vacaciones. Esto no solo reduce la carga de trabajo del personal de RR. HH., sino que también acelera los procesos y mejora la experiencia de los empleados.

Asistencia en la gestión financiera.

Otra área donde los asistentes virtuales pueden marcar una gran diferencia es en la gestión financiera interna. Estos asistentes pueden ayudar con la organización de presupuestos, la generación de informes financieros automáticos y el seguimiento de gastos en tiempo real. También pueden alertar a los equipos financieros sobre posibles desviaciones presupuestarias o áreas donde se pueden reducir costos. Este nivel de automatización ayuda a mantener un control más eficiente de las finanzas, garantizando que la empresa funcione de manera más óptima y rentable.

Los asistentes virtuales están revolucionando la productividad interna de las empresas al liberar a los empleados de tareas repetitivas, mejorar el acceso a información, optimizar la gestión de proyectos y facilitar la comunicación. Su capacidad para integrarse en diversos procesos, desde la administración de recursos humanos hasta la gestión financiera, los convierte en una herramienta poderosa para aumentar la eficiencia organizacional. Al permitir que los empleados se enfoquen en tareas más estratégicas, estas soluciones no sólo mejoran la productividad, sino que también impulsan la innovación y el crecimiento empresarial.

Casos de éxito en grandes empresas.

El uso de la inteligencia artificial ha impulsado cambios significativos en grandes empresas de diversos sectores. A través de la implementación de soluciones de IA, estas organizaciones han logrado optimizar operaciones, mejorar la atención al cliente, generar nuevas oportunidades de negocio y mantenerse competitivas en un entorno cada vez más digital. A continuación, se presentan algunos casos de éxito destacados donde la IA ha marcado la diferencia en empresas reconocidas a nivel mundial.

Amazon. Optimización de logística y personalización en el comercio electrónico.

Amazon es uno de los mayores ejemplos del uso exitoso de la IA en múltiples áreas de su negocio. Una de sus aplicaciones más conocidas es el algoritmo de recomendaciones personalizadas, que analiza los hábitos de compra y navegación de los usuarios para sugerir productos específicos. Esto no solo ha incrementado las ventas, sino que también ha mejorado la experiencia de compra del cliente, aumentando la retención y lealtad.

Además, Amazon ha integrado IA en su cadena de suministro mediante la automatización de almacenes con robots que organizan y trasladan productos de manera eficiente, optimizando el tiempo de procesamiento de pedidos. También utiliza IA para predecir la demanda de productos, lo que le permite ajustar el inventario y minimizar costos operativos.

Netflix. Mejora de la experiencia del usuario con recomendaciones personalizadas.

Netflix es otro ejemplo líder en la utilización de IA, especialmente en su sistema de recomendaciones de contenido. Este algoritmo avanzado analiza el historial de visualización, las calificaciones y las interacciones de los usuarios para sugerir series y películas que probablemente les interesen. La IA también personaliza las miniaturas de las series y películas, mostrando diferentes imágenes según los gustos del usuario.

Este enfoque ha sido fundamental para el éxito de Netflix, ya que ayuda a mantener a los usuarios comprometidos durante más tiempo y reduce las tasas de cancelación del servicio. La capacidad de ofrecer contenido relevante y ajustado a las preferencias individuales de cada usuario ha sido clave para su crecimiento masivo.

Google: IA en publicidad y búsqueda.

Google ha sido pionero en el uso de la IA, especialmente en la optimización de su motor de búsqueda. Su algoritmo, que utiliza IA para entender mejor las consultas de los usuarios y ofrecer resultados más precisos, ha mejorado continuamente a lo largo de los años. La IA también juega un papel crucial en Google Ads, donde los anuncios son dirigidos de manera eficiente a audiencias específicas en función del comportamiento y las preferencias de los usuarios.

Además, Google ha implementado IA en sus productos, un asistente virtual capaz de realizar una amplia variedad de tareas, desde buscar información hasta controlar dispositivos inteligentes en el hogar. Este producto ha elevado el estándar de los asistentes virtuales y ha mostrado cómo la IA puede integrarse en la vida diaria para simplificar tareas cotidianas.

Tesla: IA en la conducción autónoma.

Tesla ha revolucionado la industria automotriz con su apuesta por los vehículos eléctricos y, especialmente, por la conducción autónoma mediante IA. El sistema "Autopilot" de Tesla utiliza un conjunto avanzado de cámaras, radares y sensores, junto con algoritmos de IA, para permitir que los vehículos puedan manejarse solos en muchas situaciones, aunque aún requieren supervisión humana.

La inteligencia artificial de Tesla no sólo se centra en la conducción autónoma, sino que también está presente en sus sistemas de mejora continua. Los vehículos de Tesla se actualizan regularmente con nuevas versiones de software que optimizan el rendimiento del automóvil basándose en datos de millones de kilómetros recorridos por la flota de Tesla. Esto crea un ciclo de aprendizaje continuo, mejorando constantemente la experiencia del conductor.

Microsoft: IA para la productividad empresarial.

Microsoft ha integrado IA en muchos de sus productos, especialmente en la suite de Microsoft 365. A través de herramientas como Copilot, en Word, Excel y Outlook, Microsoft utiliza IA para ayudar a los usuarios a automatizar tareas, gestionar correos electrónicos de forma eficiente y crear documentos o informes con sugerencias basadas en IA.

Otro de los éxitos notables de Microsoft es su plataforma de Azure AI, que permite a las empresas desarrollar, entrenar e implementar modelos de IA de manera rápida y eficiente. Esta plataforma ha sido crucial para grandes empresas que buscan aprovechar el poder de la IA sin la necesidad de construir toda la infraestructura desde cero.

IBM: Soluciones de IA para empresas con watson.

El sistema de IA Watson de IBM ha sido un caso de éxito en el uso empresarial, particularmente en sectores como la salud, los servicios financieros y el retail. IBM Watson es capaz de analizar grandes volúmenes de datos y brindar recomendaciones o insights que ayudan a las empresas a tomar decisiones más informadas.

En el campo de la salud, por ejemplo, Watson ha sido utilizado para analizar datos médicos complejos, ayudando a los médicos a mejorar los diagnósticos y los tratamientos personalizados. En la banca, Watson ayuda a mejorar la seguridad y detectar fraudes mediante el análisis en tiempo real de transacciones sospechosas, y en el retail, ayuda a personalizar la experiencia del cliente mediante el análisis de comportamientos de compra.

Alibaba: IA en el comercio y la logística.

Alibaba, el gigante del comercio electrónico en China, ha implementado IA en diversos aspectos de su negocio, desde la optimización de su plataforma de ventas hasta la mejora en la logística. En su evento de ventas conocido como "Día del Soltero", Alibaba procesa millones de pedidos en cuestión de horas. Para gestionar esta inmensa cantidad de transacciones, utiliza IA para predecir la demanda, optimizar el flujo de productos y garantizar entregas rápidas.

Además, Alibaba emplea chatbots inteligentes para gestionar el servicio al cliente, proporcionando respuestas automáticas a preguntas comunes, y utiliza IA para personalizar las recomendaciones de productos para cada usuario, lo que ha aumentado considerablemente la tasa de conversión en su plataforma.

Estos casos de éxito muestran cómo la IA puede transformar de manera significativa las operaciones internas y externas de una empresa, generando eficiencia, mejorando la experiencia del cliente y creando nuevas oportunidades de negocio. Desde la personalización de contenido hasta la automatización de procesos logísticos y la conducción autónoma, la inteligencia artificial está marcando el camino hacia un futuro más eficiente y personalizado para las grandes empresas. Estos ejemplos también sirven de inspiración para que otras organizaciones consideren la implementación de soluciones de IA en sus operaciones.

9. IA en la educación y el aprendizaje personalizado.

9.1 Aplicaciones de la IA en las aulas.

Las aplicaciones de IA en las aulas van más allá de la automatización de tareas. Ofrecen personalización del aprendizaje, accesibilidad a recursos y nuevas formas de evaluar el progreso académico. Estas tecnologías permiten crear entornos educativos más dinámicos, inclusivos y efectivos.

Personalización del aprendizaje.

Una de las aplicaciones más impactantes de la IA en la educación es la personalización del aprendizaje. Los sistemas de IA pueden analizar el progreso, las fortalezas y las debilidades de cada estudiante para ofrecerle contenido adaptado a sus necesidades. Por ejemplo, las plataformas de aprendizaje basadas en IA pueden ajustar el ritmo de las lecciones o recomendar materiales adicionales en función del rendimiento individual.

Este enfoque personalizado permite que los estudiantes avancen a su propio ritmo, reforzando las áreas donde tienen más dificultades y desafiándolos en los temas que dominan. Esto no sólo mejora la comprensión del contenido, sino que también incrementa la motivación y el compromiso con el proceso de aprendizaje.

Asistentes virtuales para estudiantes y docentes.

Los asistentes virtuales impulsados por IA, como chatbots o aplicaciones conversacionales, se están convirtiendo en herramientas valiosas tanto para los estudiantes como para los docentes. Para los estudiantes, estos asistentes pueden responder preguntas frecuentes sobre los temas de estudio, proporcionar explicaciones adicionales y guiar en la resolución de ejercicios. Esto es especialmente útil en entornos de educación a distancia, donde los estudiantes pueden necesitar ayuda fuera del horario de clase.

Para los docentes, los asistentes virtuales pueden ayudar con tareas administrativas como la gestión de horarios, la organización de clases o la corrección automatizada de tareas y exámenes. Esto reduce la carga de trabajo administrativo, permitiendo que los profesores se concentren en la enseñanza y el desarrollo de estrategias pedagógicas más efectivas.

Evaluación y retroalimentación automática.

La IA también está transformando la manera en que se evalúan a los estudiantes. Los sistemas de IA pueden automatizar la corrección de exámenes de opción múltiple, ensayos o incluso problemas matemáticos complejos, lo que permite a los docentes obtener resultados de manera más rápida y precisa. Además, la IA puede ofrecer retroalimentación detallada e inmediata a los estudiantes, señalando errores y sugiriendo mejoras.

Este tipo de evaluación continua permite que los estudiantes aprendan de sus errores en tiempo real, lo que facilita una curva de aprendizaje más rápida y efectiva. Asimismo, los profesores pueden utilizar los datos generados por estos sistemas para identificar patrones de aprendizaje y adaptar sus métodos de enseñanza en consecuencia.

Accesibilidad y educación inclusiva.

La IA también está jugando un papel crucial en hacer que la educación sea más accesible para todos. Herramientas impulsadas por IA, como los lectores de texto y los subtítulos automáticos, permiten que los estudiantes con discapacidades, como dificultades visuales o auditivas, accedan al contenido educativo de manera más fácil. Además, los sistemas de traducción automática pueden ayudar a los estudiantes que no dominan el idioma de enseñanza a seguir el ritmo de las clases.

Estas tecnologías inclusivas permiten que los entornos educativos sean más equitativos, eliminando barreras que tradicionalmente han dificultado el acceso a la educación para algunos estudiantes.

Creación de contenidos educativos interactivos.

La IA facilita la creación de contenidos educativos interactivos, como simulaciones, entornos de realidad virtual o actividades gamificadas, que mejoran la participación y el interés de los estudiantes. Por ejemplo, en asignaturas como la ciencia o la historia, los estudiantes pueden utilizar herramientas de IA para explorar experimentos simulados o interactuar con reconstrucciones históricas en 3D, lo que transforma el aprendizaje en una experiencia más inmersiva y práctica.

Además, las plataformas de aprendizaje con IA pueden crear cuestionarios personalizados, juegos educativos y lecciones multimedia que se adaptan a diferentes estilos de aprendizaje, mejorando la comprensión y la retención del conocimiento.

Apoyo en la toma de decisiones educativas.

Para los directores y administradores educativos, la IA ofrece herramientas que pueden analizar grandes volúmenes de datos para apoyar la toma de decisiones en la gestión de recursos, la planificación curricular o el desarrollo de políticas educativas. Por ejemplo, la IA puede analizar el rendimiento académico de los estudiantes a lo largo del tiempo para identificar tendencias, evaluar la efectividad de los programas educativos o detectar áreas de mejora en las metodologías de enseñanza.

Esta capacidad de análisis predictivo permite que las instituciones educativas ajusten sus estrategias de manera proactiva, creando entornos más efectivos para el aprendizaje y el desarrollo de los estudiantes.

Tutoría inteligente.

Los tutores inteligentes son otra aplicación innovadora de la IA en las aulas. Estos sistemas pueden proporcionar apoyo individualizado a los estudiantes, guiándolos a través de temas complejos o proporcionándoles explicaciones detalladas cuando se enfrentan a dificultades. A diferencia de los métodos tradicionales de tutoría, los sistemas de IA pueden estar disponibles para los estudiantes en cualquier momento, brindando ayuda personalizada cuando más lo necesitan.

Este tipo de tutoría no sólo mejora la comprensión del contenido, sino que también reduce la frustración y la ansiedad en los estudiantes, al ofrecer soluciones en tiempo real y sin la presión de un entorno de grupo.

Las aplicaciones de la IA en las aulas están transformando el panorama educativo al ofrecer soluciones innovadoras que mejoran tanto la enseñanza como el aprendizaje. Desde la personalización del contenido hasta la accesibilidad y la creación de experiencias interactivas, la inteligencia artificial tiene el potencial de hacer que la educación sea más efectiva, inclusiva y accesible. A medida que estas tecnologías continúan evolucionando, es probable que el impacto de la IA en las aulas se expanda, preparando a las futuras generaciones para enfrentar los retos de un mundo en constante cambio.

9.2 Ejemplos de plataformas de IA para aprendizaje.

Estas plataformas no sólo automatizan procesos educativos, sino que también personalizan la experiencia de aprendizaje para adaptarse a las necesidades individuales de cada alumno. Te dejo una lista de las más usadas.

1. Duolingo.

Duolingo es una de las plataformas más conocidas para el aprendizaje de idiomas. Aunque su diseño es sencillo y atractivo, detrás de sus lecciones personalizadas se encuentra una avanzada IA que adapta el contenido a las habilidades y progreso de cada usuario. La plataforma utiliza modelos de aprendizaje automático para ajustar la dificultad de las actividades y para predecir cuándo es probable que un estudiante olvide una palabra o frase, proporcionando ejercicios de repaso en el momento adecuado. Esta personalización aumenta la retención de información y mejora la experiencia de aprendizaje, haciéndola más eficiente y motivadora.

2. Khan Academy.

Khan Academy es una plataforma educativa gratuita que cubre una amplia gama de materias, desde matemáticas hasta historia. En su evolución, ha integrado IA para crear experiencias de aprendizaje adaptativo. A través de su colaboración con instituciones como el College Board, la IA de Khan Academy puede personalizar rutas de aprendizaje basadas en las fortalezas y debilidades del estudiante. Además, el sistema ofrece retroalimentación en tiempo real, permitiendo a los estudiantes corregir errores y mejorar su comprensión de los conceptos. Su herramienta de IA también ayuda a los docentes a monitorear el progreso individual de sus estudiantes, facilitando intervenciones personalizadas cuando es necesario.

3. Socratic de Google.

Socratic es una aplicación impulsada por IA que ayuda a los estudiantes a resolver problemas y aprender de manera autónoma. Utilizando el procesamiento del lenguaje natural y el reconocimiento de imágenes, la aplicación permite que los estudiantes tomen fotos de preguntas o ecuaciones matemáticas, y la IA proporciona explicaciones paso a paso o recursos relacionados. Esta herramienta es particularmente útil en matemáticas y ciencias, donde los estudiantes pueden necesitar apoyo visual y detallado. La IA también aprende del comportamiento del usuario, adaptando las respuestas y sugerencias de manera personalizada según el progreso y las áreas donde el estudiante necesite más ayuda.

4. Querium.

Querium utiliza la IA para enseñar y guiar a los estudiantes en materias de ciencias, tecnología, ingeniería y matemáticas (STEM). Esta plataforma se especializa en proporcionar tutoría en línea, ofreciendo a los estudiantes ejercicios y problemas que pueden resolver mientras reciben retroalimentación inmediata y adaptativa. Su IA analiza la forma en que los estudiantes abordan los problemas, identificando errores comunes y brindando pistas personalizadas para ayudar a corregirlos. Además, Querium es capaz de adaptarse al estilo de aprendizaje del estudiante, ya sea visual, auditivo o kinestésico, lo que mejora la eficacia de la enseñanza.

5. Carnegie Learning.

Carnegie Learning es un sistema de tutoría inteligente basado en IA, desarrollado para enseñar matemáticas y ciencias. Esta plataforma emplea técnicas de aprendizaje adaptativo y algoritmos de IA para crear lecciones personalizadas que se ajustan al ritmo de aprendizaje del estudiante. Además, proporciona informes detallados a los docentes sobre el rendimiento de sus alumnos, destacando las áreas que requieren más atención. Carnegie Learning combina la instrucción humana con la tecnología, optimizando el aprendizaje mediante la integración de prácticas basadas en datos que mejoran el rendimiento académico.

6. Century Tech.

Century Tech es una plataforma impulsada por IA que combina el aprendizaje adaptativo con el análisis de datos para ofrecer experiencias educativas personalizadas tanto a estudiantes como a maestros. Su IA evalúa continuamente el nivel de conocimiento de los estudiantes, proporcionando materiales de aprendizaje que se ajustan a su progreso. Century Tech no solo se enfoca en mejorar las habilidades académicas, sino también en el bienestar emocional del estudiante, monitoreando su estado mental y motivación a lo largo del proceso de aprendizaje. Esta combinación de IA con análisis emocional hace que la plataforma sea particularmente valiosa en entornos de educación primaria y secundaria.

7. Edmentum.

Edmentum es otra plataforma que utiliza IA para ofrecer aprendizaje personalizado. Su suite de herramientas, como "Exact Path", evalúa las habilidades del estudiante en tiempo real y ajusta el contenido educativo según las necesidades individuales. Edmentum ayuda a los educadores a planificar lecciones más efectivas mediante el uso de datos predictivos para anticipar qué estudiantes necesitan intervenciones adicionales. Esta plataforma es muy valorada en la enseñanza a distancia y la educación mixta, proporcionando a los docentes herramientas para gestionar de manera efectiva tanto clases presenciales como remotas.

Beneficios y desafíos.

Las plataformas de IA como las mencionadas tienen un impacto significativo en la educación. Entre los principales beneficios se encuentran la personalización del aprendizaje, el acceso a tutoría en tiempo real y la capacidad de aprender a su propio ritmo. Sin embargo, también existen ciertos desafíos. La dependencia de la tecnología puede reducir la interacción humana directa, y la privacidad de los datos es una preocupación crítica, dado que estas plataformas recopilan una cantidad considerable de información sobre el comportamiento y rendimiento de los estudiantes.

A medida que la tecnología avance, es probable que veamos una mayor integración de IA en la educación, lo que podría continuar transformando cómo y qué aprenden los estudiantes, asegurando un futuro donde la educación sea más inclusiva, eficiente y accesible.

Parte IV: Futuro de la IA Conversacional.

10. Tendencias emergentes en IA Conversacional.

10.1 IA multimodal: La convergencia de texto, imagen y video.

La IA multimodal se refiere a la capacidad de una IA para procesar, analizar y generar información a partir de múltiples tipos de datos: texto, imágenes, video, audio y más.

A medida que el campo de la IA avanza, una de las tendencias más importantes es la integración de capacidades multimodales, donde los sistemas no sólo pueden procesar y generar texto, sino también comprender y generar imágenes, audio y video. Esta convergencia de modalidades expande las posibilidades de interacción con las máquinas, mejorando la capacidad de las IA para entender y responder en contextos ricos y complejos.

La integración de estas modalidades ha sido un hito importante en el desarrollo de sistemas más inteligentes, capaces de simular la forma en que los humanos perciben el mundo. Mientras que el texto ha sido la modalidad dominante en los primeros sistemas de IA conversacional, el futuro está claramente marcado por la convergencia con imágenes, video y sonido.

Un ejemplo temprano de IA multimodal son los sistemas de reconocimiento de imágenes que pueden describir lo que ven en términos de texto. Sin embargo, las nuevas generaciones de IA no sólo se limitan a describir imágenes o vídeos, sino que pueden razonar sobre el contenido, generar respuestas en múltiples formatos e incluso fusionar diferentes modalidades para una interacción más natural y rica.

Aplicaciones en asistentes virtuales y chatbots multimodales.

Uno de los principales campos en los que la IA conversacional multimodal está dejando su huella es en el desarrollo de asistentes virtuales más avanzados. Estos sistemas ahora pueden interactuar no sólo con palabras, sino también con imágenes y videos, ofreciendo una experiencia más completa y envolvente.

Un ejemplo es la capacidad de un asistente virtual para ayudar en tareas cotidianas de forma más intuitiva. Imaginemos a un usuario que pregunta a su asistente de IA cómo preparar una receta. En lugar de simplemente leer las instrucciones en texto, el asistente puede combinar información visual y en video, mostrando cómo cortar los ingredientes o cómo deberían verse en cada paso. Del mismo modo, en el ámbito profesional, un asistente multimodal podría ayudar a interpretar gráficos financieros, combinar datos numéricos y visuales en su análisis, o sugerir correcciones en presentaciones de PowerPoint mientras explica en voz alta los cambios.

Plataformas como Google Lens ya están explorando las posibilidades multimodales, permitiendo a los usuarios apuntar su cámara hacia un objeto para recibir información relacionada en forma de texto, imágenes o enlaces. En el futuro, podemos esperar que esta tecnología avance aún más, combinando reconocimiento de imágenes y video en tiempo real con la capacidad de interactuar conversacionalmente.

Modelos de lenguaje multimodal: GPT-4 y beyond.

El avance de los modelos de lenguaje multimodal ha sido significativo. Uno de los ejemplos más recientes es GPT-4 (al momento de la escritura del libro), que no sólo procesa texto, sino también imágenes. Esto permite una interacción más rica, en la que los usuarios pueden subir una imagen y hacer preguntas sobre ella, como describir lo que contiene, identificar elementos específicos o incluso analizar una escena más profundamente. Puedes añadirle por ejemplo una foto de tu nevera y preguntarle qué puedes cocinar.

Esta capacidad multimodal tiene aplicaciones extensas, desde educación hasta análisis médico. Un modelo de lenguaje multimodal puede ayudar a los estudiantes a comprender conceptos visuales complejos, o incluso ser utilizado por profesionales médicos para interpretar imágenes como radiografías o resonancias magnéticas, proporcionando explicaciones detalladas a partir de ellas.

Avances en la generación de contenido multimodal.

Otra tendencia emergente es la capacidad de los sistemas de IA para generar contenido multimodal. Esto significa que, a partir de una entrada en texto, una IA puede generar imágenes, vídeo o incluso audio coherente. Por ejemplo, plataformas como DALL·E permiten generar imágenes a partir de descripciones en texto, mientras que otros desarrollos en

IA están trabajando en la creación automática de vídeos a partir de guiones o narrativas textuales.

La IA multimodal también está avanzando en el campo de los videojuegos y la animación, donde los sistemas son capaces de generar escenas completas, personajes e incluso diálogos en tiempo real, basados en las indicaciones del usuario. Esto no sólo agiliza los procesos creativos, sino que también permite a los desarrolladores crear mundos más interactivos y personalizados.

Mejora de la accesibilidad a través de la IA multimodal.

La convergencia de texto, imagen y video también está impulsando avances significativos en accesibilidad. Los sistemas de IA conversacional multimodal pueden ayudar a las personas con discapacidades a interactuar más fácilmente con la tecnología. Por ejemplo, las personas con discapacidades visuales pueden usar sistemas que describen en voz alta el contenido visual a partir de una imagen o vídeo. A la inversa, aquellos con discapacidades auditivas pueden beneficiarse de sistemas que transcriben y resumen conversaciones o contenido en video en tiempo real.

Además, en educación, estos sistemas pueden ofrecer lecciones personalizadas para estudiantes con diferentes estilos de aprendizaje, utilizando una combinación de texto, imágenes y videos para garantizar que el contenido se adapte a las necesidades individuales.

Desafíos y el futuro de la IA multimodal.

Aunque los avances en IA multimodal son emocionantes, también presentan importantes desafíos. Uno de los principales es la enorme cantidad de datos necesarios para entrenar estos modelos de manera efectiva. Además, lograr que la IA mantenga la coherencia entre modalidades sigue siendo un reto. Por ejemplo, generar una imagen precisa y relevante a partir de una descripción de texto compleja puede resultar en errores, o en contenido que no se alinea completamente con las expectativas del usuario.

Otro desafío está relacionado con los sesgos inherentes en los datos. Aunque ya lo hemos visto, quiero destacar que los sesgos existen en cualquier IA multimodal, conversacional o generativa. A medida que la IA multimodal se integre más en la vida cotidiana, garantizar que estos sistemas sean justos, éticos y responsables será crucial.

En el futuro, podemos esperar que los sistemas multimodales sigan evolucionando para interactuar de forma más fluida y natural con los humanos, combinando texto, voz, imágenes y vídeo en tiempo real. Esto podría dar lugar a aplicaciones aún más sofisticadas, como interfaces cerebro-computadora que interpreten no sólo las palabras y acciones de los usuarios, sino también sus expresiones faciales, gestos e incluso patrones emocionales.

La convergencia de texto, imagen y vídeo no sólo ofrece interacciones más ricas y contextuales, sino que abre nuevas posibilidades en campos como la educación, el entretenimiento, la accesibilidad y la creación de contenido. A medida que estas tecnologías se perfeccionen, los usuarios disfrutarán de experiencias más inmersivas y adaptadas a sus necesidades, mientras que la IA seguirá avanzando hacia una comprensión más profunda y completa del mundo que nos rodea.

10.2 IA emocional: Avances en la comprensión del tono y las emociones.

Uno de los grandes desafíos en la evolución de la IA es dotarla de la capacidad para interpretar y responder a emociones, lo que llamamos "IA emocional". A medida que se profundiza en este campo, la tecnología se va acercando cada vez más a poder captar no sólo el contenido de un mensaje, sino también el tono con el que este se expresa. Esto significa que los sistemas de IA no sólo podrán analizar las palabras, sino también detectar el contexto emocional detrás de ellas, como la tristeza, la alegría, la frustración o el entusiasmo.

El poder de interpretar el tono.

El tono es uno de los componentes más importantes en la comunicación humana. No es sólo lo que decimos, sino cómo lo decimos lo que puede cambiar por completo el significado de un mensaje. Hasta ahora, muchos sistemas de IA se limitaban a entender el lenguaje de forma literal, sin captar las sutilezas que vienen con el tono. Pero los avances recientes en procesamiento del lenguaje natural, impulsados por redes neuronales profundas, han permitido entrenar sistemas para identificar señales emocionales en el habla o en el texto.

Por ejemplo, los modelos de IA ahora son capaces de analizar una conversación escrita y distinguir si un comentario es sarcástico o sincero, o si una pregunta se hace con curiosidad genuina o con irritación. Estos avances abren la puerta a interacciones mucho más humanas con la tecnología. Un asistente virtual podrá detectar si el usuario está frustrado y ajustar su tono de respuesta o la forma en que ofrece soluciones, buscando calmar en lugar de agravar la situación.

Comprensión emocional en tiempo real.

Un área clave en el desarrollo de la IA emocional es la capacidad de captar y procesar emociones en tiempo real. Los sistemas de IA están comenzando a integrar datos multimodales, combinando señales de audio, texto e incluso imágenes o expresiones faciales para generar una comprensión más completa del estado emocional de una persona. Esto implica, por ejemplo, que una IA que participe en una videollamada no sólo escuche las palabras, sino que también observe el lenguaje corporal y las expresiones faciales, ofreciendo una respuesta más empática.

Los avances en reconocimiento de voz han mejorado enormemente la capacidad de las máquinas para captar matices emocionales a través del tono. Por ejemplo, Amazon y Google han introducido mejoras en sus asistentes de voz, que ahora pueden detectar emociones como la impaciencia o el entusiasmo y ajustar la forma en que responden a los usuarios. Esto crea una experiencia de usuario mucho más fluida y personalizada.

IA emocional en sectores clave.

Las aplicaciones de estas capacidades son amplias y diversas. En el ámbito de la salud mental, por ejemplo, la IA emocional puede revolucionar la forma en que se brindan los servicios de apoyo. Los sistemas de IA pueden ser entrenados para detectar signos tempranos de ansiedad o depresión en el tono de voz o en el contenido de una conversación escrita, permitiendo a los profesionales intervenir de manera más oportuna.

En el servicio al cliente, la IA emocional permitirá una interacción más personalizada y satisfactoria. Imagine a un sistema que no sólo pueda resolver problemas técnicos, sino también comprender cuándo el cliente está frustrado y ajustar su tono de voz para calmar la situación. Un sistema que reconoce emociones puede transformar una interacción impersonal y mecánica en una experiencia cercana, donde el cliente se siente escuchado y comprendido.

Desafíos éticos y tecnológicos.

A pesar de los avances, aún quedan desafíos por superar. Uno de los mayores obstáculos es la precisión: si bien los sistemas de IA han mejorado en la detección de emociones, todavía existe un margen de error significativo. La interpretación errónea de una emoción podría tener consecuencias negativas, como una respuesta inapropiada o incluso ofensiva.

Otro desafío importante es la privacidad. La capacidad de las máquinas para leer emociones implica recopilar y analizar datos personales, lo que plantea serias preocupaciones éticas. ¿Hasta qué punto es aceptable que una IA registre nuestras emociones? La legislación y las directrices éticas sobre el uso de la IA emocional deberán ser implementadas de manera rigurosa para garantizar que se respete la privacidad de las personas.

Mirando hacia adelante.

El futuro de la IA emocional nos lleva a un horizonte fascinante donde la tecnología no sólo será capaz de entender lo que decimos, sino también cómo lo sentimos. Esta evolución puede transformar profundamente la interacción humana con las máquinas, haciéndola más intuitiva, empática y eficaz. Sin embargo, debemos avanzar con cautela, asegurándonos de que estas tecnologías se utilicen de manera responsable y en beneficio de la sociedad.

A medida que la IA continúa aprendiendo y adaptándose a las complejidades emocionales del ser humano, nos acercamos cada vez más a una era en la que la tecnología no solo nos asista en tareas mecánicas, sino que también nos comprenda a nivel emocional, ayudando a construir un mundo donde la interacción con las máquinas sea más humana que nunca.

10.3. El futuro del trabajo con IA conversacional: ¿Qué roles sustituirán o complementarán?

Este es un tema que no sólo afecta a sectores específicos, sino que tiene implicaciones profundas para la economía global y la estructura misma del empleo en el futuro. Esto es algo de lo que hablaré con más profundidad en mi próximo libro. De momento, vamos a explorar cómo la IA conversacional está configurando el futuro del trabajo y qué podemos esperar en los próximos años.

Automatización de roles repetitivos y predecibles.

Uno de los impactos más claros de la IA conversacional será la automatización de trabajos que dependen de interacciones rutinarias y predecibles. En sectores como el servicio al cliente, la atención telefónica y la gestión de solicitudes básicas, los chatbots y asistentes de voz ya han comenzado a reemplazar a los humanos en tareas sencillas. Esto incluye responder consultas frecuentes, procesar pedidos o guiar a los usuarios a través de sistemas automáticos de resolución de problemas.

Las empresas han adoptado la IA conversacional para estas tareas porque ofrece una disponibilidad ininterrumpida, es más eficiente y puede manejar grandes volúmenes de interacciones simultáneamente. Estos sistemas no sólo reducen costos operativos, sino que también mejoran la velocidad y precisión en la resolución de problemas. Por lo tanto, los roles que implican tareas repetitivas y transaccionales están en mayor riesgo de ser completamente reemplazados.

Transformación del servicio al cliente y la atención personalizada.

Aunque muchos roles tradicionales en el servicio al cliente pueden ser automatizados, esto no significa que desaparecerán por completo. La IA conversacional también tiene el potencial de complementar el trabajo humano, permitiendo que los empleados se concentren en tareas más complejas o que requieran un mayor nivel de empatía y juicio.

En lugar de manejar todas las solicitudes de los clientes, los trabajadores humanos podrían asumir roles especializados en la resolución de problemas complejos, donde la comprensión emocional y las habilidades interpersonales son cruciales. Los sistemas de IA, por su parte, se encargarían de filtrar las solicitudes más simples, dejando que los humanos intervengan cuando se requiera un toque más personal.

De esta manera, la IA no eliminaría estos empleos por completo, sino que los transformaría, permitiendo que los profesionales se enfoquen en mejorar la experiencia del cliente en situaciones donde una respuesta automatizada sería insuficiente o inapropiada.

Optimización del trabajo administrativo.

Otro campo en el que la IA conversacional está haciendo sentir su presencia es en el trabajo administrativo. Los asistentes virtuales son cada vez más capaces de gestionar calendarios, programar reuniones, responder correos electrónicos e incluso redactar informes simples. Estos sistemas pueden asumir muchas de las tareas rutinarias que antes requerían tiempo y esfuerzo por parte de los empleados, liberando a las personas para que se concentren en actividades más estratégicas o creativas.

En este contexto, la IA conversacional no reemplazará completamente a los trabajadores, sino que servirá como una herramienta para aumentar la productividad. Los empleados se beneficiarán de una mayor eficiencia, ya que las tareas administrativas serán manejadas por algoritmos, mientras ellos se enfocan en trabajos de mayor valor añadido que requieren habilidades humanas como la resolución de problemas, la creatividad o el liderazgo.

Impacto en la educación y el aprendizaje continuo.

El campo de la educación también verá una transformación significativa con el auge de la IA conversacional. Los tutores virtuales y los sistemas de enseñanza personalizados basados en IA tienen el potencial de complementar a los educadores humanos, brindando a los estudiantes acceso a asistencia individualizada en cualquier momento. Estos sistemas pueden evaluar las fortalezas y debilidades de cada alumno, adaptando el ritmo y el estilo de enseñanza a las necesidades individuales.

Sin embargo, es importante señalar que las personas que se dedican a la enseñanza, no serán reemplazadas por completo. La interacción humana, la empatía y la orientación emocional son elementos cruciales de la enseñanza que una IA no puede replicar fácilmente. En lugar de ello, los educadores podrían verse liberados de tareas repetitivas como la corrección de exámenes o la entrega de contenido básico, permitiéndoles concentrarse en actividades más interactivas, como la resolución de problemas en el aula, el fomento del pensamiento crítico y la motivación de los estudiantes.

Nuevos roles en el desarrollo y supervisión de IA.

Mientras algunos trabajos se automatizan o se transforman, también surgirán nuevos roles que requieren habilidades específicas en el manejo, desarrollo y supervisión de los sistemas de IA. Los ingenieros de IA, los expertos en datos, los diseñadores de experiencias conversacionales y los analistas éticos serán esenciales para garantizar que estas tecnologías sean seguras, efectivas y estén alineadas con los valores humanos.

Además, las empresas necesitarán profesionales capacitados para supervisar las interacciones entre la IA y los usuarios, asegurándose de que los sistemas funcionen correctamente y se ajusten a los requerimientos específicos de los clientes o las organizaciones. Este tipo de roles será crucial en la medida que la IA se integre en el núcleo de las operaciones comerciales.

Retos y oportunidades para el futuro.

Si bien la automatización de roles repetitivos es una realidad inminente, es importante destacar que no todo trabajo puede ser reducido a una serie de reglas que la IA puede seguir. Las capacidades humanas como la creatividad, la empatía, el pensamiento estratégico y la toma de decisiones en situaciones complejas son, hasta ahora, exclusivas de las personas. Estas son las áreas donde los humanos seguirán siendo indispensables.

El reto, por tanto, está en cómo las sociedades y las empresas se adaptan a esta nueva realidad. Habrá una necesidad de formar a los trabajadores para adquirir nuevas competencias que les permitan convivir y colaborar con la IA, en lugar de ser desplazados por ella. Los programas de aprendizaje continuo y reskilling serán fundamentales para preparar a los empleados para los trabajos del futuro, muchos de los cuales aún están por definirse.

El futuro del trabajo con IA conversacional es una mezcla de sustitución y complementación. Los roles repetitivos y transaccionales serán automatizados, mientras que aquellos que dependen de la creatividad, la empatía y el juicio humano serán complementados y mejorados. La clave para las empresas y los trabajadores será adaptarse a estos cambios, aprovechando las oportunidades que ofrece la IA conversacional para mejorar la productividad, la eficiencia y la calidad del trabajo humano. El futuro del empleo no será menos humano, sino más sofisticado y especializado, donde la colaboración entre personas y máquinas definirá el éxito en esta nueva era tecnológica.

11. El camino por delante: IA para todo el mundo.

11.1. Cómo prepararse para un futuro impulsado por IA.

A medida que la inteligencia artificial avanza y se convierte en una parte integral de nuestras vidas, la preparación para este futuro impulsado por IA es crucial tanto para individuos como para organizaciones. La IA está transformando industrias, automatizando procesos y cambiando la forma en que trabajamos, aprendemos y vivimos. Para aprovechar al máximo estas oportunidades y enfrentar los desafíos que surgen, es necesario adoptar una mentalidad proactiva, adquirir nuevas habilidades y adaptarse a un entorno en constante evolución.

Este punto clave explora las estrategias y acciones que tanto individuos como empresas pueden seguir para prepararse para un futuro donde la IA desempeñará un papel cada vez más dominante.

Desarrollar habilidades tecnológicas y digitales.

Una de las formas más efectivas de prepararse para un futuro impulsado por IA es adquirir las habilidades tecnológicas necesarias para interactuar con esta tecnología. A medida que la IA automatiza tareas rutinarias, los trabajos del futuro exigirán una combinación de competencias digitales y habilidades humanas especializadas. A continuación, se describen algunas de las competencias más relevantes:

Habilidades técnicas y de programación

Tener conocimientos básicos de programación y familiarizarse con conceptos de aprendizaje automático (machine learning) y procesamiento de datos será cada vez más importante. Si bien no todos necesitan convertirse en ingenieros de IA, comprender los fundamentos de cómo funcionan los algoritmos y los datos en estos sistemas permitirá a las personas colaborar más eficazmente con la tecnología.

Lenguajes de programación como Python, que se utiliza ampliamente en proyectos de IA, y conocimientos en análisis de datos o ciencia de datos pueden abrir la puerta a oportunidades laborales en sectores emergentes. Cursos y plataformas en línea como Coursera, edX y Udacity ofrecen programas de formación en estos campos.

Competencias en análisis y pensamiento crítico.

Si bien la IA puede procesar datos a gran velocidad, interpretar esos datos y tomar decisiones bien informadas sigue siendo una habilidad humana crítica. Los empleos del futuro requerirán una mayor capacidad de análisis y pensamiento crítico, ya que los humanos desempeñarán un papel clave en la interpretación de las recomendaciones generadas por la IA y en la toma de decisiones éticas.

Creatividad e innovación.

La IA no puede replicar completamente la creatividad humana. A medida que las máquinas asuman tareas rutinarias, los trabajadores humanos serán cada vez más valiosos en áreas que requieran pensamiento creativo, innovación y resolución de problemas complejos. Profundizar en áreas de estudio o trabajo que fomenten estas habilidades garantizará que las personas sigan siendo competitivas en el mercado laboral del futuro.

Adoptar una mentalidad de aprendizaje continuo.

El futuro impulsado por la IA será dinámico y estará en constante evolución. Esto significa que las habilidades y conocimientos que son relevantes hoy pueden quedar obsoletos rápidamente. Para prosperar en este entorno, tanto los trabajadores como las empresas deben adoptar una mentalidad de aprendizaje continuo.

Upskilling y reskilling.

El concepto de upskilling (adquisición de nuevas competencias dentro del mismo campo) y reskilling (reentrenamiento en un campo completamente nuevo) será fundamental en los próximos años. Dado que la IA automatizará muchas tareas y transformará la naturaleza de los empleos, las personas deberán estar dispuestas a reinventarse y aprender nuevas habilidades para adaptarse a los cambios en sus industrias.

Educación flexible y personalizada.

Las plataformas de aprendizaje basadas en IA ofrecen una educación más personalizada y accesible. Herramientas como Coursera, Khan Academy y plataformas de aprendizaje impulsadas por IA permiten que las personas adquieran nuevas habilidades a su propio ritmo y con materiales adaptados a sus necesidades. En el futuro, estas plataformas se convertirán en una fuente clave de educación continua.

Además, la formación en habilidades blandas como la adaptabilidad, el trabajo en equipo y la inteligencia emocional será cada vez más importante, ya que la interacción humana seguirá siendo esencial en muchos roles, incluso aquellos que están impulsados por la tecnología.

Prepararse para la colaboración entre humanos y máquinas.

En lugar de reemplazar completamente a los humanos, la IA está destinada a colaborar con ellos, potenciando su capacidad de trabajo y productividad. La clave para un futuro exitoso radicará en cómo las personas y las empresas aprendan a aprovechar la sinergia entre humanos y máquinas.

Los profesionales que sean capaces de utilizar herramientas de IA para mejorar su productividad y precisión estarán mejor posicionados en el futuro. Por ejemplo, en la medicina, los médicos que adopten IA para mejorar los diagnósticos o en el análisis de imágenes estarán en la vanguardia de su campo.

Habilidades para la gestión de sistemas de IA.

Otra área en la que los trabajadores necesitarán capacitarse es en la gestión y supervisión de sistemas de IA. A medida que estos sistemas se integren en las operaciones diarias, será esencial que los empleados comprendan cómo interactuar con ellos, corregir errores y mejorar su eficiencia. Esta capacidad de gestionar IA será un diferenciador clave en muchos campos.

Adoptar una actitud ética hacia la IA.

Con el creciente uso de la IA, los desafíos éticos y de privacidad se volverán más prominentes. Por ello, es crucial que individuos, empresas y gobiernos desarrollen un enfoque ético y transparente hacia el uso de la IA.

Aquellos que se preparen para el futuro de la IA deben estar conscientes de los principios de la IA ética, incluidos temas como la privacidad de los datos, la no discriminación y la transparencia. Los desarrolladores de IA deben asegurarse de que sus algoritmos no refuercen sesgos existentes ni tomen decisiones injustas, mientras que los usuarios de estas tecnologías deben ser conscientes de los impactos de la IA en sus operaciones y en la sociedad.

Los marcos éticos deben ser una prioridad en cualquier implementación de IA, y las empresas deben invertir en profesionales que comprendan y monitoreen los aspectos éticos de la tecnología que están utilizando.

Participación en la gobernanza de la IA.

Es probable que la regulación de la IA se intensifique en el futuro a medida que las tecnologías de IA se vuelvan más influyentes en la sociedad. Los profesionales y las organizaciones deben mantenerse informados sobre las normas regulatorias y las políticas públicas en torno a la IA, participando activamente en la discusión sobre cómo se deben utilizar y gobernar estas tecnologías para garantizar un impacto positivo en la sociedad.

Fomentar la innovación y el espíritu emprendedor impulsado por IA.

En un futuro impulsado por IA, las oportunidades para la innovación serán abundantes. Para aquellos con mentalidad emprendedora, la IA ofrece nuevas formas de crear productos, servicios y soluciones que antes no eran posibles. El uso de IA puede permitir a las startups competir en igualdad de condiciones con grandes corporaciones, gracias a su capacidad para escalar operaciones y automatizar tareas clave.

Explorar nuevas oportunidades de negocio.

Las personas y empresas que identifiquen áreas donde la IA puede resolver problemas significativos o mejorar la experiencia del cliente estarán en una posición privilegiada para crear nuevas oportunidades de negocio. Sectores como la salud, la fintech, la educación y la logística verán un gran número de innovaciones impulsadas por IA.

Innovación con impacto social.

Además del ámbito empresarial, la IA puede ser una poderosa herramienta para abordar desafíos sociales como la pobreza, la educación y la sostenibilidad. Los emprendedores sociales que busquen utilizar la IA para crear un impacto positivo en la sociedad encontrarán muchas oportunidades en áreas como el acceso a la educación personalizada, la salud en zonas rurales o la optimización de recursos para combatir el cambio climático.

Prepararse para un futuro impulsado por IA requiere adoptar una mentalidad abierta al cambio, invertir en la adquisición de nuevas habilidades y ser conscientes de los impactos éticos y sociales de esta tecnología. A medida que la IA transforma las industrias y la vida cotidiana, las personas y empresas que se adapten rápidamente y abracen la colaboración entre humanos y máquinas serán las que prosperen en este nuevo mundo tecnológico. Las oportunidades están a la vista, pero la preparación es clave para aprovecharlas al máximo.

12. Apéndice: Recursos adicionales.

1. Cursos en línea.

- Coursera - Machine Learning (Andrew Ng): El curso más reconocido para aprender los fundamentos de Machine Learning.

- DeepLearning.AI - Deep Learning Specialization. Serie de cursos profundos sobre redes neuronales y aprendizaje profundo.

- edX - Artificial Intelligence (Columbia University): Un curso introductorio para entender los principios básicos de la IA.

- Fast.ai - Practical Deep Learning for Coders. Curso práctico y accesible sobre aprendizaje profundo.

2. Libros Recomendados.

- "Artificial Intelligence: A Modern Approach" de Stuart Russell y Peter Norvig: El libro de referencia más completo sobre IA.

- "Hands-On Machine Learning with Scikit-Learn, Keras, and TensorFlow" de Aurélien Géron: Guía práctica para implementar proyectos de IA.

- "Deep Learning" de Ian Goodfellow, Yoshua Bengio y Aaron Courville: Fundamentos teóricos y prácticos de aprendizaje profundo.

3. Herramientas y librerías.

- Python: El lenguaje más popular para IA. Accede gratis en www.python.org

- Librerías:
 - TensorFlow: Herramienta poderosa para modelos de aprendizaje profundo.

 - PyTorch: Framework flexible y ampliamente usado en investigación y producción.

 - Scikit-learn: Librería para Machine Learning tradicional.

 - Pandas: Manejo y análisis de datos.

 - NumPy: Cálculo numérico para IA.

4. Plataformas de práctica y experimentación.

- Google Colab: Entorno gratuito para ejecutar código en la nube con GPUs.

- Kaggle: Competencias de datos y notebooks listos para aprender IA.

- Hugging Face: Modelos preentrenados y herramientas para NLP.

- RunwayML: Plataforma para experimentar con IA creativa sin necesidad de programar.

5. Comunidades y foros.

- foroprompt.com: Comunidad de habla hispana para compartir prompts efectivos.

- Reddit: Discusión de temas avanzados y tendencias actuales.

- AI Stack Exchange: Resolución de dudas técnicas.

- Kaggle Forums: Espacio para interactuar con otros entusiastas y profesionales.

- Discord y Slack: Muchos proyectos y comunidades tienen canales dedicados a IA.

6. Blogs y Sitios de Referencia.

-Towards Data Science: Blog con artículos claros sobre IA y ML.

- Distill: Explicaciones visuales de conceptos complejos de IA.

- Google AI Blog: Últimas investigaciones y aplicaciones de IA por Google.

- OpenAI Blog: Avances en inteligencia artificial por OpenAI.

7. Recursos Gratuitos de Investigación y Dataset.

- Papers with Code: Últimos avances en IA con implementaciones prácticas.

- UCI Machine Learning Repository: Conjunto de datos clásicos para experimentar.

- Kaggle Datasets: Gran colección de datasets para cualquier proyecto de IA.

- Google Dataset Search: Herramienta para encontrar datasets relevantes.

8. Canales de YouTube.

- @sdsalvaje: Canal en español con tutoriales sobre herramientas de IA.

- 3Blue1Brown: Explicaciones visuales sobre matemáticas aplicadas a IA.

- StatQuest: Fundamentos de estadística y ML explicados de manera sencilla.

- Two Minute Papers: Resúmenes de investigaciones recientes en IA.

- Sentdex: Tutoriales prácticos de Python y aprendizaje profundo.

9. Podcasts sobre IA.

- Lex Fridman Podcast: Entrevistas con expertos en IA y tecnología.

- Data Skeptic:Podcast técnico y práctico sobre IA y datos.

- The AI Alignment Podcast: Temas éticos y filosóficos de la IA.

A lo largo de este libro, hemos explorado el fascinante mundo de la inteligencia artificial: desde sus conceptos más básicos hasta las aplicaciones que hoy están revolucionando nuestras vidas. Hemos aprendido cómo la IA pasó de ser una idea de ciencia ficción a una herramienta fundamental en prácticamente todos los sectores. Además, hemos visto cómo tú, sin importar tu nivel de experiencia, puedes comenzar a utilizar estas tecnologías para transformar tus proyectos, tu carrera o incluso tus ideas más ambiciosas.

Sin embargo, este no es el final del camino. La inteligencia artificial no es un destino fijo, sino un viaje en constante evolución. Las tecnologías que hoy asombran al mundo serán pronto la base de innovaciones aún más impresionantes. Tú, como lector, tienes la oportunidad de ser parte de esta transformación, ya sea aplicando lo aprendido en este libro o profundizando en áreas específicas que despierten tu interés.

Pero no tienes que hacerlo solo. Puedes encontrarme en www.inteligenia.io Dentro de la web, podrás enviarme un correo para saludar, preguntar dudas o ¡lo que quieras! Estaré encantado de contestar y ayudarte.

Recuerda: la IA no sólo trata de tecnología; trata de aprovechar el poder de la innovación para resolver problemas, tomar mejores decisiones y abrir nuevas posibilidades. Ahora es tu turno. Da el siguiente paso, experimenta, innova y conviértete en un protagonista del futuro tecnológico.

Gracias por permitirme acompañarte en este inicio de tu viaje hacia el mundo de la inteligencia artificial. Estoy seguro de que lo mejor está por venir.

www.ingramcontent.com/pod-product-compliance
Lightning Source LLC
LaVergne TN
LVHW022341060326
832902LV00022B/4182